흙과 불, 그리고 혼魂

사기장 신정희申正熙

흙과 불 그리고 혼

사기장 신정희

申正熙

bookin

차 례

5장 인연因緣의 길

6장 흙과 유약, 그리고 불 이야기

서 문序文

한적한 시간이다. 80평생을 통해 참으로 오랜 만에 느껴보는 여유餘裕이다. 가마터 뒤켠 영축산靈鷲山에서 불어오는 바람이 싱그럽다. 가슴을 열어젖혀 본다. 얼마만의 일인가.

가마터가 오늘따라 살갑게 느껴진다. 그동안의 일들이 주마등走馬燈처럼 스쳐지나간다. 힘들었다는 느낌밖에 없다. 아침햇살이 가슴속까지 따스함을 전하려 하지만 아직 바람결은 차다. 그런 속에 세월은 흘렀나 보다.

앞산자락의 구름이 해를 가린다. 잿빛하늘이 된다. 쌩 하는 바람소리와 함께 금방 푸른색 하늘로 바뀌더니 흰 조각구름이 떠돈다. 산까치 한 마리가 갑자기 푸드덕거리며 날아오른다. 짧은 울음소리를 남기고는 숲 속으로 사라진다. 까치가 울면 기쁜 소식이 있다고 했는데, 글쎄다.

해가 서쪽으로 가기 전에 그동안 숱하게 구웠던 사발그릇들의 편린片鱗을 주워 모아보고 싶어진다. 기억의 저편에 남아 있는 아련한 추억뿐이겠지만 그래도 한 번쯤은 더듬어 보고 싶다. 이제 나이가 들었나 보다. 체력도 옛날만은 못하다는 생각이다. 손마디도 굵어졌고, 힘도 많이 약해졌다. 눈도 침침해졌다.

기억의 작은 부스러기들이 완전히 없어지기 전에 남은 재라도 긁어모아보자는 생각이 들었다. 일본의 유명 보도사진작가인 쿠와바라 시세이(桑原史成) 씨가 그동안 나에 관해 취재해온 사진을 빠짐없이 제공하겠다는 뜻을 전해온 것도 하나의 계기였다. 나의 도자기 인생 초년기부터 인연을 맺어 온 사이이다. 긴 시간 동안 그는 실로 많은 작품 사진을 남겼다. 무려 100여 장의 원판原版을 제공했다. 원고는 내가 직접 구술口述한 것을 토대로 중견언론인 현곡玄谷 이웅환李雄煥 군이 집필했다.

이제 주변의 눈길에도 담담하기만 하다. 젊었을 때에는 주위의 비평과 비판에 불뚝 성질을 내기도 했지만 지금 생각하니 모두가 고마울 따름이다. 그 동안 어찌 보면 욕심에 젖어 마음에 화를 내고 성내는 일도 있었을 것이며, 어리석고 고집스런 부분도 적지 않았을 것이다. 탐진치貪瞋癡의 3독三毒에서 모든 괴로움이 생겨난다고 했지만 이미 다 타버린 지난 날들이다.

사무치는 뼛속의 추위를 겪지 않고서야 코를 쏘는 매화의 향기를 느낄 수 없다고 했다. 뼈를 깎고 숨을 죽이게 했던 그동안의 작업과 작품 활동에 후회는 없다. 다만 성과에 대한 아쉬움이야 없을 수 없겠지만 가슴을 쓸어내리고 싶은 심정일 뿐이다.

무슨 일이든 10년이면 그저 좀 알 만하고, 20년을 하면 전체적으로 파악이 되고, 30년을 해야 비로소 그 일에 대해 자신할 수 있다고 믿고 있다. 흙을 만진 지 50년 세월이 지났고, 육신으로도 종심소욕불유구從心所慾不踰矩의 나이가 되었다. 공자孔子는 "나이 일흔이 되자 마음이 내키는 대로 자연스레 행동해도 저절로 법도에 맞는 사람이 될 수 있었다"고 했지만 그 말에 절로 고개가 끄덕여진다.

일은 아직 남아 있다. 다만 이제부터는 그 일을 즐겨야겠다는 생각이다. 햇살이 차가워진다. 벌써 시간이 그렇게 됐나?

뻔히 어렵고 서러운 작업인 줄 알면서도 그동안 묵묵히 따라오며 나름대로의 도예가 길을 개척하고 있는 큰아들 한균翰均과 용균容均, 경균京均, 봉균奉均 네 명의 아들에게 미안하면서도 고맙다는 생각이다. 또 많은 제자들도 마찬가지다. 이 길이 결코 편하거나 쉽지 않은 길이며, 한순간도 헛되이 마음을 놓아서는 안 되는 일이라는 점을 결코 잊지 말았으면 한다. 그 숱한 시간을 무던히도 참고 견디며, 어려움과 함께한 집사람 이대순李大順에게도 처음으로 고맙다는 말을 전하고 싶다.

사람의 삶과 역사의 진행은 강물의 흐름과도 같다고 했다. 그동안 굽이치며 거세게 흘러왔지만 이제부터는 조용히 그리고 천천히 흘러가고 싶을 뿐이다. 명경지수明鏡止水처럼 맑은 마음으로 하늘을 담고 싶다.

2007년 정해丁亥 늦은 봄날

양산 통도사 가마터에서

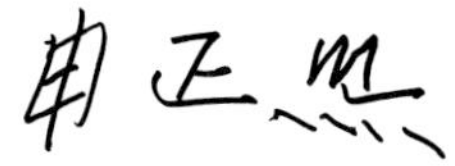

01

흙의 노래

"흙은 생명의 원천이다.

목숨이 있는 것은 모두 흙을 의지한다.

그 흙을 다루는 것은 장인의 손이다.

흙을 그냥두면 흙이지만,

흙에 감성을 불어 넣으면 보석이 된다."

기억 속의 바다는 언제나 허기진 얼굴

고향 사천만 바닷가는 언제나 나를 포근하게 감싸준다. 비록 허기지고, 배고픈 기억으로 다가오지만 고향 마을은 언제 생각해도 정답고 그리운 얼굴이다. 집 앞마당의 바닷물과 뒷산의 개울물은 한 폭의 그림으로 지금껏 내 마음에 남아 있다. 눈만 감으면 어릴 때의 기억들이 주마등走馬燈처럼 스쳐 지나간다.

소달구지를 끌고 힘겹게 집으로 돌아가는 시골 농부들의 모습, 저녁때가 됐는데도 집으로 돌아갈 생각조차 않고서 마냥 구슬치기에만 정신이 팔려 있던 동네꼬마 녀석들, 그리고 몇 집 되지도 않는 조그만 동네 집집마다의 굴뚝에서 뿜어져 나오는 군불 때는 매캐한 연기와 저녁밥 끓는 소리. 지금이라도 어머니께서 "얼렁 와 밥 묵어라"하고 부를 것만 같다. 아버지는 건넛방에서 연신 기침을 해대면서도 곰방대에 담배를 피워 물었다.

쇠똥이 널브러져 있고, 바닷가의 짠물 냄새와 섞여 언제나 지저분한 동네였지만 그곳은 내가 태어나고 자란 고향이었다. 당시 생활형편이야 표현하기 싫을 정도로 어려웠지만 오늘의 '사기장 신정희' 가 있도록 키워주고 용기를 북돋워준 고향이 바로 그곳이다.

경남 사천만의 한 켠에 위치한 조그마한 어촌마을, 집은 바닷가에 바짝 붙어 있었다. 그야말로 작은 시골마을이었다. 바닷가에 위치하고 있었지만 농사일을 주로 하며 사는 농사꾼 집안이었다. 마을 뒤쪽에는 해발 798m의 와룡산臥龍山이 있고, 그 옆에는 이순신李舜臣 장군이 처음으로 거북선을 출전시켜 왜선 13척을 함몰시킨 것으로 유명한 선진리성船津里城이 있다. 이 성은 남북으로 길게 뻗은 사천만의 동안東岸 중간지점에 위치하고 있다. 구릉 지형을 이용하여 구축한 평산성식平山城式 토축으로 된 창성創城이다. 서남북 삼면이 바다에 임해 있고, 동쪽 한 면만 육지로 통하는 그야말로 난공불락의 수륙요새이다.

와룡산은 높고 낮은 봉우리가 아흔아홉 개로 이어져 있다. 그 화려한 기암괴석에 탄성이 절로 나온다. 산꼭대기 올라서면 남해안 한려수도가 한눈에 들어오는 절경이다. 나는 어릴 적 이곳에서 시간 가는 줄 모르고 놀곤 했다. 와룡산 줄기를 따라가면 봉명산鳳鳴山이 있고 중턱에 다솔사多率寺가 다소곳이 자리하고 있다. 해발 408m의 야트막한 이 산은 지천으로 널려 있는 차나무 밭이 줄지어 있다. 특히 다

고향은 언제나 기억의 저편에 머물러 있다. 하지만 눈만 감으면 지척의 모습이기도 하다. ⓒ 황헌만

솔사에는 언제나 효당曉堂 최범술崔凡述 스님이 끓이는 다향으로 은은함이 더했다.

나는 사천 바닷가의 이런 환경에서, 1930년 8월 29일 아버지 신학명申學明 씨와 어머니 서엄전 씨의 2남3녀 중 넷째로 태어났다. 출생지는 경상남도慶尙南道 사천군泗川郡 용현면龍見面 금문리苓文里 295번지이다. 6살 무렵 우리 집은 바로 건너 동네인 선진마을의 서지몰로 이사를 했고, 실제 자란 곳은 바로 이 집에서였다. 100m 앞이 바다일 정도로 바닷가 바위 위에 걸터앉은 집이었다. 파도가 치면 집 앞 마당 턱까지 물결이 넘실대는 곳이었다. 여름철 태풍이 오거나, 폭우가 몰아칠 때는 가족들 모두가 가슴 조리며 뜬 눈으로 밤을 지새우기도 했다.

위로 큰 형님과 큰 누이, 작은 누이, 그리고 밑으로 여동생 한 명이 있는 대가족이었다. 하지만 논과 밭 한 뙈기 없는 그야말로 가난한 집안 살림이었다. 그러다보니 남의 집 농토를 빌려 농사를 짓는 소작농을 할 수밖에 없었다. 아버지와 어머니는 시간이 나면 마을 앞바다로 나가 조개와 소라, 굴 등을 줍거나 땄고 이를 내다팔아 몇 푼 안 되는 생활비에 보태기도 했다. 우리 집에선 흰 쌀밥은 전혀 구경할 수 없었고, 바다에서 나는 해산물인 몰을 섞어 지은 밥을 먹는 것이 다반사였다. 내가 커가면서 좋아하는 음식이 해산물이 아니라, 산채나물과 자장면이 된 것도 이런 이유에서 일 것이다.

황해도 평산平山이 본本으로 우리 집안이 어떻게 해서 사천만까지 내려와 정착하게 됐는지에 대해서는 자세하게 듣지 못했다. 다만 고려 때의 무장이었던 신숭겸(申崇謙 ?~927년) 장군과 임진왜란 때의 신립(申砬 1546~1592년) 장군, 독립운동가 신익희(申翼熙 1894~1956년) 선생 등이 같은 평산 신씨 집안이라는 이야기는 친척어른들로부터 귀가 따갑게 들었다.

나이가 차면서 용현龍見보통소학교에 입학했다. 하지만 땔감을 해오는 등 집안의 작은 일을 할 사람이 없었다. 나보다 8살 위인 큰 형님이 집을 떠나 도회지로 돈을 벌겠다고 나가 버렸고, 큰누이는 눈이 불편한 맹인이었다. 작은 누나와 내가 살림을 도맡아 해야 할 형편이었는데 장작 등의 땔감 마련과 물을 길어오는 일은 내가 도맡아 해야 했다. 틈틈이 아버지의 농사일도 도와야 했다.

학교까지의 거리는 멀지 않았지만 학교 다니기가 그리 쉽지 않았다. 학비인 월사금月謝金을 마련하는 것이 문제였다. 찢어지듯 가난한 살림에 학교를 다니겠다고 나선 자체가 사치스런 생각이기도 했지만 일제 시대였던 만큼 일본어로 공부를 해야 하는 것도 쉽지는 않았다. 말은 쉬웠지만 글을 쓰고 읽기란 결코 쉽지 않았다. 내 생각으로 당시 내 또래의 아이들에 비하면 비교적 일찍 세상물정에 눈을 떠 꽤나 눈치가 빨랐던 것 같다. 선생님

ⓒ 황현만

들도 나의 이런 점 때문에 많은 심부름을 시켰고, 나는 말없이 이러한 일들을 즐겁게 하곤 했다.

하지만 더는 학교생활을 계속할 수가 없었다. 어머니는 학교를 계속 다니라고 말했지만 내 스스로 생각해도 학교를 계속 다닌다는 게 무리였다. 결국 나는 3학년 때 중퇴를 하고 말았다. 중퇴라기보다는 그때부터 더 이상 학교를 나가지 않았던 것이다. 이것이 내 학력의 전부이다.

나는 이때부터 본격적으로 산에 나무를 하러 다니거나 소작 논의 농사일로 소일했다. 시간이 날 때면 집 앞 바닷가로 나가 고기 잡는 것으로 무료함을 달랬다. 산과 바다가 내 친구였다.

산에 나무를 하러 가면서도 봉명산鳳鳴山 다솔사多率寺를 자주 찾았고 거기에서 쉬거나 자주 놀았다. 절의 고즈넉한 분위기와 함께 은근한 다향이 너무나 좋았다. 그 절에 가면 효당曉堂 스님이 계셨기 때문이다. 당시에 워낙 유명했던 분인데다 해인사 등의 큰절 주지스님 등을 맡기도 해 자주 얼굴을 대할 수는 없었지만 어쩌다 한두 번 만날 수가 있었다. 그는 언제나 따뜻한 얼굴이었다. 어머니와 큰 누님도 사월초파일을 비롯해 절을 찾는 날이 되면 이 절을 찾아 간절히 기도를 드리곤 했던 생각이 난다.

이때의 인연이 긴 시간으로 이어져, 내가 고향을 떠나 부산에 있을 때에도 스님께서 부산나들이를 할 때면 가끔 나의 집을 들러주시곤

당시 생활은 왜 그렇게 어려웠던지…. 공부는 커녕 나무하러 가거나 소작농의 농사일로 무료함을 달랠 수밖에 없었다. © 황헌만

했다. 1960년대 후반 옛 사발을 굽고 있을 때 스님께서 나에게 "자네, 이왕 도자기를 굽고 있으니 찻잔세트를 한 번 만들어 보지 않겠나"하고 권유하셨다. 그때 나는 스님과 다기세트를 어떻게 구성할 것인가를 놓고 꽤나 많은 이야기를 주고받았는데 결국 찻잔(茶鐘) 5개, 식힘 사발(熟盂) 1개, 버림 사발(退水器) 1개, 주전자(茶罐) 1개, 차통茶

筒 1개로 결정하게 되었다. 그 후로 나는 줄곧 이 원칙을 지키고 있고, 한편으로는 이것이 한국 다기세트의 원형이 되었다.

뒷날 들은 이야기에 따르면 효당 스님은 나와 함께 토우 김종희 선생(1921~2000년)에게도 다기세트 만들기를 권유했다고 한다. 토우 선생은 생전에 나와 만나거나 교유한 적은 없지만 스님을 통해 그의 이야기를 한두 번 들은 적은 있다. 그는 1977년부터 효당 스님과 함께 차운동을 시작하였고, 2000년 돌아갈 때까지 한국차인회를 이끌기도 했다.

다솔사는 신라 지증왕 4년 화엄사를 창건했던 인도스님 연기 조사가 창건했는데 영악사靈岳寺라 불리다가 선덕왕 5년(636년)에 2동을 건립하여 다솔사로 개칭했다. 문무왕 16년(676년) 의상 대사가 이 절을 영봉사靈鳳寺로 다시 개명했는데 경문왕 때 도선 국사가 4개 동을 더 건립하여 또다시 다솔사라 이름 붙였다. 우연인지는 몰라도 연기 조사는 물론이고 의상 대사, 도선 국사 모두가 우리나라의 유명한 차승茶僧이었다. 차 씨앗을 언제부터 심었는지는 알 수 없지만 이 절 주변에는 차나무가 즐비하며 차나무가 자라는 환경이 가장 적합한 곳이기도 하다.

다솔사 작설차의 풍미風味는 하동 화개차보다 낫고, 구례 화엄사차보다 한수 위로 쳐준다. 실제로 똑같은 조건의 물에다가 쇠고기 조각을 넣어 이들 3곳의 차를 실험해본 일도 있었다고 한다. 화엄사차는 그 살점이 단단한 채로 였고, 화개차는 약간 부드러워졌으며 다솔사차는 흐물흐물하여 그 모양이 없어질 정도였다고 전해진다. 이에 효당 스님은 다솔사차 중 상품을 일컬어 반야로般若露라 했고, 그 다음

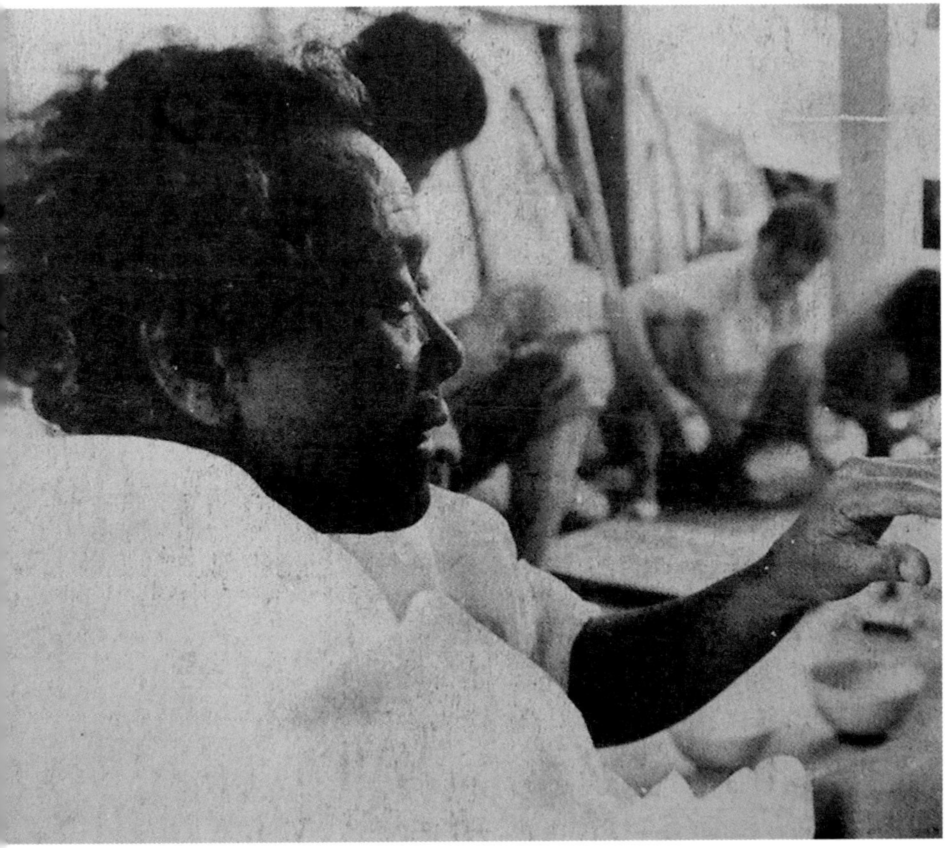

문경가마에서 ⓒ 신한균

등급을 반야차般若茶로 이름 지었다.

"이게 고려청자 쪼가리다" 내 도자 인생의 첫발

하루하루 생활은 별반 달라지지 않았다. 낮에는 산에 나무하러 가고, 때 되면 농사일을 하는 일상의 연속이었다. 그러다가 심심하면 바닷가에서 고기를 잡거나 굴을 따는 등으로 시간을 보냈다. 나라는 일제로부터 해방이 되고 대한민국大韓民國이라는 새로운 정부가 출범했지만 내 관심과는 전혀 별개였다.

그러던 1949년 봄, 내 나이 19살이었다. 그날도 나는 산에 나무를 하기위해 지게를 둘러매고 집을 나섰다. 동구 밖에 다다르자 당시 삼천포중학교를 다니고 있던 학생들이 줄을 지어 산 계곡 개울가로 나들이를 가고 있었다. 그들은 까만 교복차림이었다. 그에 비해 나는 삼베바지 저고리에 지게를 메고 있었다. 하지만 나는 그 줄의 맨 뒤에 서서 따라갔다. 개울가에 다다르자 국어선생이셨던 김상옥金相沃 선생님이 개울바닥에서 뭔가를 주워들고 학생들에게 이야기를 시작했다. 흔해빠진 깨진 도자기 조각인 사금파리 한 개였다.

그는 학생들에게 그 사금파리를 들어 보이며 큰 소리로 말했다.

"이게 바로 고려청자 쪼가리다. 여기에 우리 조상들의 혼과 얼이 담겨 있다. 우리 민족의 우수성과 위대함이 바로 이 속에 그대로 담겨 있다."

김 선생은 그 청자 파편을 개울물로 깨끗이 씻고는 그 조각을 종이에 싸가지고 호주머니에 고이 집어넣었다.

당시 초정 김상옥(草汀 金相沃 1920~2004년) 선생은 동아일보 신춘문예에 '낙엽'(시 · 시조 · 동요 부문)으로 당선된 유명 문인이자 시조시인이었다. 해방 직후인 1946년부터 삼천포중학교에서 교편을 잡고 있었다. 그의 명성은 삼천포 사람이면 누구나가 알고 있을 정도였다.

그런 그가 사금파리를 우리 민족의 혼이라고 자랑하고, 저리도 소중히 다루었던 것이다. 먼발치에서 이 광경을 지켜본 나는 귀를 의심했다.

"뭐라꼬, 산 속에 지천으로 널려 있는 저 사금파리 쪼가리가 우리 민족의 혼이라꼬…."

한마디로 충격이었다. 아니, 김 선생님의 바로 이 한마디가 나의 인생을 바꿔놓는 계기가 될 줄이야…. 그날부터 도자기는 내 인생人生이고, 나의 종교宗教가 되었다.

나는 일제 당시 소학교를 다녔기 때문에 일본말은 가능하다. 하지만 한글은 그 이후 제대로 배운 적이 없어 지금도 어려움을 느낀다. 또한 도자기 공부 외에는 학문적으로 다른 분야에 관심을 가진 적이 없지만 김상옥 선생의 저 유명한 '백자부'白磁賦라는 시를 들으면 참으로 편안함을 느낀다.

찬 서리 눈보라에 절개 외려 푸르르고
바람이 절로 이는 소나무 굽은 가지
이제 막 백학白鶴 한 쌍이 앉아 깃을 접는다.

드높은 부연 끝에 풍경風磬 소리 들리던 날
몹사리 기다리던 그린 임이 오셨을 제
꽃 아래 빚은 그 술을 여기 담아 오도다.

갸우숙 바위 틈에 불로초不老草 돋아나고
채운彩雲 빗겨 날고 시냇물도 흐르는데
아직도 사슴 한 마리 숲을 뛰어 드노다.

1970년대 문경 조령요. 그늘에서 말린 사발에 유약을 바르고 있다. © 쿠와바라 시세이

불 속에 구워내도 얼음같이 하얀 살결
티 하나 내려와도 그대로 흠이 지다
흙 속에 잃은 그 날은 이리 순박純朴하도다.

(시집 『草笛』, 수향서원, 1947년)

나는 시에 대해서는 그야말로 문외한이지만 이 시 만은 듣기를 좋아한다. 우리의 백자그릇에 대해 이처럼 분명한 시각적 이미지로 표현한 시가 있을까 싶을 정도이다. 첫 번째 연에서는 백자의 문양을 통해 백자가 지닌 속성을 선비의 절개에 빗대고 있다. '찬서리 눈보라' 와 '바람' 으로 상징되는 온갖 시련과 '소나무' 의 절개를 대비시켜 백자의 속성을 선비의 절개로 만들고 있다. 두 번째 연에서는 백자에 술을 담아오는 우리네의 푸근한 인정과 함께 그리운 임을 기다리는 재회를 상상하고 있다. 세 번째 연은 백자의 문양에 새겨진 십장생을 통해 이상향을 그리고 있다. 네 번째 연은 불과 얼음, 티와 흙을 대비시켜 백자의 순박함과 순수성을 마음껏 강조하고 있다.

나는 이 시를 읊조리거나, 듣고 있으면 마음이 편해진다. 머리가 맑아진다. 그러다가 눈물이 핑 돌기도 한다.

나는 그날 이후 산을 가면 괜스레 지게 바지껭이지겟작대기로 흙더미를 파헤치기 시작했다. 사금파리를 찾기 위해서였다. 길을 가다가도 사금파리가 있으면 얼른 주워 주머니에 집어넣었다. 얼마 안 가 우리 집에는 사금파리가 한가마니 넘게 모아졌다.

사금파리가 이처럼 모이자, 그중 일부를 챙겨 삼천포중학교로 찾아갔다. 학교 문 앞에서 당시 교장이셨던 정헌주(鄭憲柱 1915~1999년)

선생님을 만났다. 정 교장은 나를 교장실로 데리고 들어갔다. 나는 들고 간 사금파리를 바닥에 쏟아냈다.

"아니, 이게 뭐꼬. 어데서 이 많은 걸 주었노? 니가 이런 걸 알았구나…. 그란데 니 지금 학교 안 다니재…."

정 교장은 나에게 내일부터라도 학교에 나오라고 했다. 나이는 많았지만 당시 내 또래나이의 친구들도 적지 않던 시절이었다. 나는 집에 가서 아버지에게 조심스레 이 말을 꺼냈다.

"쓸데없는 소리 말고 일이나 해라. 그깐 놈의 핵교는 와 갔더노?"

하기야 지금 생각하면 당시에 중학교를 가지 않았기 때문에 오늘날의 내가 가능했고 '사기장 신정희申正熙'가 탄생할 수 있었다고 생각한다. 중학교를 다녔더라면 아마도 지금쯤 면서기面書記 정도가 되어 있지 않았을까 한다.

어찌됐던 그때부터 나의 취미와 관심은 온통 사금파리뿐이었다. 가끔은 형태를 비교적 온전히 보전하고 있는 그릇도 발견할 수 있었다. 이들이 점차 모여지면서 동네사람들 사이에서 "저 놈이 사금파리에 미친 놈"이라는 쑥덕거림이 시작됐다. 그러던 어느 날 동네 한 어르신으로부터 부산釜山에 가면 골동품상이 있다는 이야기를 듣게 되었다.

귀가 번쩍 뛰었다. 집 안 방구석에 가득 모아져 있던 사금파리 중에서 괜찮다 싶은 것 몇 개를 골랐다. 가방에 챙겨 넣고 부산 중앙동에 있다는 그 집으로 찾아갔다.

"앗따, 희안한 거 많이 모았네. 그란데 이게 뭐꼬. 이리 깨진 건 아무 짝에도 쓸 수 없는 기라. 우째 어데 안 깨진 거 가진 거 없나?"

주인아저씨는 "옛따, 차비나 하라"면서 지폐 한 장을 건네주었다. 처음 만져보는 종이돈이었다. 이날 나는 깨진 사금파리, 즉 옛날 그릇이 돈이 된다는 것을 처음으로 알기 시작했다. 골동품에 눈을 뜬 것이다.

사실 당시만 해도 산에 있는 무덤을 파면 골동품이 제법 쏟아져 나올 때였다. 하지만 사람들은 이러한 물건들을 주우면 귀신이 따라 붙는다며 일부러 피했다. 혹시 집으로 갖고 들어가면 어른들은 재수 없다면서 통시칸화장실에나 갖다버리라고 야단치곤 할 때였다.

이듬해 건너편 동네 야산에서는 넓은 터를 개간하는 작업이 진행됐다. 길을 내고, 집도 짓고 하는 공사였다. 나는 나무하는 본거지를 아예 그곳으로 옮겼다. 하루 종일 개간하는 작업터에서 지냈다. 혹시 사금파리가 나오면 줍기 위해서였다. 제법 많은 수확이 있었다. 사금파리뿐만 아니라 제대로 된 골동품도 적잖게 쏟아져 나왔다. 작업인부들은 관심이 없어 발견되면 발로 차버리거나 멀리 던져버렸다. 골동품에 대한 관심이 그 정도였을 때였다. 개간 작업 덕분에 부산 골동품집을 한 차례 더 다녀올 수 있었다.

포화의 전쟁터에서도 온통 관심은 사금파리뿐

1950년 들어 나라는 온통 어지러웠다. 그리고 그해 6월, 동족상잔의 비극인 6·25전쟁이 터지고 말았다. 고향마을에도 낙동강을 건너 곧 공산군이 쳐내려온다는 소문이 파다했다. 인심도 흉흉해졌고 젊은이들은 하나둘 고향을 빠져나가기 시작했다. 이런 상황에서 어느 날 집에 들어가자 군입대 통지서가 날아와 있었다. 잠시 고민했다.

그러나 생각은 의외로 쉽게 정리됐다.

"집에서 이러고 있느니 차라리 군대에나 가자!"

21살의 나이인 1951년 초, 나는 징집 2기로 군에 입대했다. 임시훈련소인 제주도에서 몇 주간의 훈련을 받은 뒤 곧바로 최전방부대인 육군 9사단 백마부대로 배속됐다. 전쟁이 한창일 때였다. 전장의 포화는 끊이질 않았고, 피해 현장은 그야말로 참혹했다. 모든 것은 잔인할 정도로 파괴되었고, 국토는 온통 벌겋게 물들고 있었다.

"왜, 우리는 이 땅에서 이 같은 처참한 전쟁을 해야 하나? 언제까지 전쟁을 해야 하는가?"

전쟁에 참여했던 군인들의 희생이 날로 늘어갔다. 하루에도 수백 명이 죽어나갈 때였다. 특히 나와 함께 군에 입대했던 삼천포 출신의 군인들 중 대부분이 전사했다. 다행인지 나는 살아남아 나중에 무공훈장武功勳章을 받았다. 지금도 가끔 이 훈장을 꺼낸 보곤 한다. 장렬히 산화해 간 동료전우들의 명복을 빌 뿐이다.

또 한 가지 내 가슴을 아프게 한 일은 작전수행 중 행군을 하다보면 길거리 곳곳에 어린아이가 울고 있는 모습을 볼 때였다. 부모를 잃고 목 놓아 슬프게 울고 있는 어린아이의 모습은 그야말로 가슴을 저미게 했다. 이런 와중에 당시 느낀 게 하나 있었다. 어린아이들이 울고 있으면 곧 나타나는 사람들이 언제나 신부神父와 수녀님이었다는 사실이다. 목사나 스님의 모습은 단 한 번도 본 적이 없었다. 내 개인적으로는 불교적 성향이 강하지만 천주교 성직자들에 대한 고마움은 지금까지도 강하게 느끼고 있다. 세월이 흘러, 1989년 10월4일부터 8일까지 로마교황 바오로 2세가 제44차 세계성체대회장 자격

경남 양산 통도사 경내의 신정희 도요. 사진 왼편에 앉은 사람이 안사람인 이대순이다.

으로 방한했을 때 내가 만든 도자기 달 항아리에 'Peace' 평화라는 글귀를 남겨주는 영광을 안았고 또 천주교 부산복자수녀회에서 기부받은 내 작품을 전시하고 있는 것도 바로 이와 같은 인연이 계기가 된 게 아닌가 싶다.

어찌됐던 전쟁은 점차 격해졌고, 서민들의 삶은 더욱 수렁으로 빠

전국을 떠도는 떠돌이 사기장이었지만 황도 사발의 재현이 성공하면서 생활의 여유를 찾았다. 큰아들 신한균과 함께.
ⓒ 쿠와바라 시세이

져들고 있었다. 포성도 날이 갈수록 심해지고 커져갔다. 그런 와중에서도 나는 내 나름대로의 흥밋거리가 있었다. 산 속에서 매복을 하거나 수색을 할 때엔 적잖은 사금파리와 골동품을 주울 수 있었던 것이다. 포탄이 터져 움푹 파진 곳을 지날 때도 혹시나 주변에 사금파리들이 없나하고 둘러보는 습관이 생겼다.

전쟁이 한창이던 어느 날, 수색작전 중에 제대로 된 청자사발 하나를 줍게 되었다. 문제는 이것을 어떻게 보관하느냐였다. 할 수 없이 배낭 속에 집어넣었다. 전쟁이 끝날 때까지도 나는 이것을 그대로 보관하고 있었다.

일은 그 후에 터졌다. 정전停戰된 직후인 1953년 가을의 어느 날, 사단장이 직접 점검하는 부대 내무반시찰이 있었다. 마침 사단장은 내 앞으로 와서는 "귀관의 관물함은 왜 반듯하지 않은가?"하며 배낭을 쏟아보라고 지시했다. 가득 차 있는 배낭을 풀고 내용물을 내무반 마룻바닥에 쏟아냈다. 백자사발을 비롯하여 청자, 분청사기 등의 사금파리가 쏟아져 나왔다. 그날 밤, 우리 소대의 선임하사가 나를 연병장으로 불러냈다.

"야, 이 자슥아. 니가 군인이냐, 골동쟁이냐? 니 때문에 중대장님께 얼마나 혼이 난 줄이나 알어!"

얼마나 몽둥이질을 당했는지 몰랐다. 거의 초죽음이 되어 땅바닥을 뒹굴자 매질은 멈추었다. 하지만 그 후의 군 생활 중에도 별반 달라지지는 않았다. 여전히 관심은 사금파리와 우리 것인 골동품에 매달려 있었다.

1958년, 내 나이 28살 때 집에서 연락이 왔다. 고향마을 옆 동네 덕곡리 처녀인 이대순李大順양과 결혼하라는 전갈이었다. 날짜도 10월7일로 잡혀 있었다. 나보다 다섯 살 아래의 처자였는데 이미 알고 있는 얼굴이었다. 건너 마을에 살다보니 그 동안 몇 차례 얼굴을 마주치기도 했던 것이다. 집안에서는 내가 군복무 중임도 불구하고 막무가내로 추진한 결혼이었다. 결혼부터 무조건하고 보라는 식이었다. 큰 누이가 앞을 볼 수 없는 장애인이었기 때문에, 그야말로 누구일지라도 일손이 필요하다는 이유에서 서둘러 추진했던 게 아닌가 하고 생각했다. 떨떠름했다. 나중에 안 일이지만 당시 정작 결혼을 추진했던 분은 장인어른이었다. 당시 장인집안은 그래도 몇 마지기의 전답을 갖고 있었고, 우리 집보다는 형편이 훨씬 나았다. 장인은 그 당시 내가 군인이었지만 휴가 등을 나와 꽤나 동네청년들과 어울려 싸돌아다니며 '어깨 힘' 을 쓰는 것을 눈여겨보고 있었던 것이다.

하지만 문제가 터졌다. 편지에서 결혼상대방 처녀는 '이대순' 이었는데 정작 보내온 얼굴사진이 전혀 다른 처녀였던 것이다. 결혼식 당일, 나는 식장엘 가질 않았다. 사진으로 본 처녀의 얼굴이 왠지 마음에 들지 않았던 것이다. 며칠 뒤 집에서 편지가 왔다. 이대순 집에서 난리가 났다는 것이었다. 결혼식 날에 신랑이 나타나지 않았으니 당연한 일이었다. 그런데 내용을 보니 결혼 상대가 진짜 이대순 양이었다는 게 아닌가! 며칠 뒤 어렵게 휴가를 얻어 고향엘 내려갔다. 이야기를 들은 즉, 상대처녀의 사진이 없어 동네사진관에서 비슷한 처녀 사진 한 장을 얻어 보냈다는 것이었다. 이런 우여곡절 끝에 결혼 날짜는 다시 잡혔고 제대로 된 결혼식을 올리게 되었다.

결혼 이듬해인 1959년, 8년간의 긴 군대생활을 마치고 귀향했다. 집안의 어려움은 그제나 이제나 마찬가지였다. 아니, 안식구까지 한 사람 더 늘어 더욱 어려워져 있었다. 생계가 그야말로 막막했다. 논밭 한 떼기 없는 상황에서 앞날을 기대한다는 건 그야말로 사치스런 망상일 뿐이었다.

"이래서는 안 되겠다. 일단 일을 찾아 나서자."

"왜 한국에는 지금 키자에몬 이도다완이 없는가?"

집사람을 달래놓고서, 그길로 찾아간 곳이 부산의 골동품상이었다. 주인아저씨는 골동품을 모아서 가져오면 사주겠다고 약속했다. 그리고 얼마간의 돈도 미리 주었다. 그날부터 나는 전국의 농촌과 산골마을 등을 다니며 골동품을 사거나 주워 모았다. 소위 골동품 수집상이 된 것이다. 때로는 골동품 행상도 했다.

사실 당시만 해도 국민들의 문화재에 대한 의식과 인식은 매우 낮았다. 골동품이 있다 해도 '재수 없는 물건'으로 치부해 내다버리거나 피하기 일쑤였다. 돈이 된다는 생각은 더욱 없었다. 그런 한편에선 왕릉王陵이나 사찰문화재 등을 마구잡이로 파헤치는 행위도 비일비재했다. 법적 제재도 거의 없었다. 법적으로는 일제가 만든 '조선보물고적명승천연기념물보존령'이란 법이 제헌헌법 제100조로 규정되어 있었고 여전히 유효할 때였다.

문화재에 관한 제대로 된 법률은 1962년 1월10일에야 생겨났다. 당시 정부는 법률 제961호로 '문화재보호법'을 제정, 공표했다. 이 법은 우리 민족의 문화유산 전반을 보호 관리하는 최초의 기본법이었다. 이 법 제4장에는 매장문화재로서 발굴의 허가, 발견매장 문화재의 신고, 국외반출의 규제 등이 명시됐다. 이 부분은 당시 한일국교정상화 조약체결을 앞두고 일본인들이 대거 한국으로 몰려오고 있었고, 이런 사이에 한국의 문화재와 골동품들이 대거 일본으로 빠져나가면서 어떻게 보면 부랴부랴 만든 하나의 규제법이었다.

전국을 떠도는 생활이었지만 경제적으로는 여전히 어려웠다. 골동을 모아 갖다 줬지만 정작 손에 주어지는 돈은 터무니없이 적었다. 심지어는 차비도 안 될 정도였다. 이런 와중에 집사람과 한 집에서 같이 생활한다는 것은 상상도 할 수 없었다. 집사람은 결혼 이듬해 큰딸을 낳아 한집살림을 강하게 원하고 있었다. 이럴 수도, 저럴 수도 없는 처지였다.

그러던 어느 날, 청천벽력靑天霹靂 같은 소식을 듣게 되었다. 갓 태어나 이제 한 살이었던 큰딸이 죽었다는 것이었다. 갑자기 아파 울기 시작하자 동네의 무면허 의사를 찾아갔는데 손도 한 번 써보지 못하고 세상을 떠버렸다는 것이다. 내 탓이었다. 가장으로서 가슴을 칠 뿐이었다.

집안의 싸늘한 분위기와는 달리 골동품에 대한 나의 관심과 열정은 이럴수록 더욱 깊어갔다. 나도 모를 일이었다. 골동을 만지면 만질수록 친근감이 들었고, 푸근했다. 주변에서는 "그릇귀신이 들었다"며 손가락질을 하거나, 걱정 어린 시선을 보내기도 했다.

부산에서의 골동품 거래는 점차 범위를 넓혀갔다. 좋은 물건이 생기면 서울로도 뛰었다. 1962년 문화재보호법이 생기고, 일본인들의 한국행 발걸음이 더욱 늘어나면서 골동품 가격도 움직이기 시작했다. 규제가 심한 만큼 당연히 가격도 뛰어오른 것이다. 뿐만 아니라 골동품을 보는 눈과 진품을 감정하는 능력도 나날이 달라지고 있었다. 지금 생각하면 그런 명품들을, 그렇게 많이 보고 만질 수 있었다는 게 참으로 행운이 아니었나 싶다.

이럴 즈음, 부산 동광동의 골동품점에서 한 일본인과 만나게 되었다. 그는 여러 가지 골동품들을 유심히 살펴보고 있었는데 그의 손에는 『고려다완』高麗茶碗이라는 조그마한 책자가 들려 있었다. 처음 보는 책이었다. 책을 좀 보여달라고 했다. 일본에 있는 고려와 조선 초

일을 하면 할수록 깨진 파편은 계속 늘어만 간다. 도자기는 그만큼 어려운 작업이다. © 쿠와바라 시세이

기의 각 지방 사발들이 사진과 함께 소개돼 있는 책이었다. 더욱 놀란 것은 그런 사발들이 일본의 국보 또는 보물이 돼 있다는 점이었다. 특히 도자기 국보 1호인 이도다완(井戸茶碗)인 '키자에몬이도'(喜左衛門井戸)가 그야말로 강한 이미지로 다가왔다.

그 일본인은 "왜 지금 조선에는 이러한 사발을 만드는 사람이 없느냐. 혹시 만드는 사람을 알고 있느냐?"고 물었다. 그러나 전국을 내

집 같이 돌아다닌 나로서는 그와 같은 사발을 만드는 가마를 본적이 없었다.

일본인은 말을 보탰다.

"이런 고미술품이 재현돼야 한다. 일본에서도 옛날 도자기들의 대부분이 재현되어 오늘에 이르고 있다. 사라진 역사, 이미 없어진 물건이라 하여 골동으로만 취급하는 것은 그야말로 무성의한 것이다. 옛날 도자기를 재현하는 사람이 나와야 한다."

뭔가에 강하게 한방 맞은 기분이었다. 중국의 선종禪宗사찰인 천동사 선방 입구에는 '염불시수' 念佛是誰라는 문구가 새겨져 있다. "염불하는 자, 너는 누구인가?"라는 뜻이다. 그렇다. 과연 나는 누구인가? 김상옥 선생님의 지난날 '사금파리 사건' 이 다시 한 번 뇌리를 스쳤다.

"그렇다. 내가 누구인지를 알기 위해서라도, 나는 반드시 옛 사발을 재현해야 한다."

일본인은 그 책을 나에게 건네주었다. 한 번 읽어보라고 했다. 이것이 내가 사기장의 길로 가게 하는 두 번째 계기였다. 삼천포에서의 김상옥金相沃 선생이 첫 번째 길을 터주었다면 그 일본인이 건네준 한마디와 책은 두 번째 등대였던 셈이다.

나는 그 책을 찬찬히 들여다보았다. 대부분의 사발들이 눈에 익었다. 그동안 그토록 모았던 사금파리가 바로 이들이었다. 또 골동품을 찾아 전국을 떠돌아다니면서 익히 눈에 봐왔던 옛 가마들의 모습도 떠올랐다.

"그렇다! 이것은 진주와 하동가마에서 만든 거고, 또 이건 전라도 보성지방에서 만든 거 아이가! 이건 계룡산이고, 이건 무안에서 구운 거고….”

웬일이었을까. 줄줄이 사발마다의 고향이 입에 떠오른 것이다. 하지만 나에게는 그 사발을 빚을 기술이 없었다. 몸이 갑자기 달아올랐다.

“떠나자!”

열병이었다. 잠시라도 가만있을 수가 없었다. 나는 그 책을 들고 한 장 한 장마다의 사발을 찾아 산골로 뛰었다. 거기에서 무수한 사금파리를 찾아냈고, 또 옛 가마터를 발견했다. 전남 고흥과 보성, 강진, 무안, 경북의 청송, 고령, 문경, 충북 단양, 경기 이천, 경남 진주, 하동, 산청, 합천, 사천, 웅천, 양산, 울산, 포항, 김해 그리고 제주도까지 200여 차례나 전국의 옛날 고도요지를 찾아다녔다.

옛 가마터를 찾는 방법은 요령을 알면 간단했다. 그 마을의 이장이나 나이 많은 어르신을 찾아가 막걸리 한잔과 식사를 대접하면서 그 고을에 옛날 가마터가 어디에 있는지를 물어보면 의외로 쉽게 알 수 있었다. 심지어는 본인이 직접 동행해 길을 안내해 주기까지 했다. 당시만 해도 이곳저곳에 도자기 깨진 조각인 사금파리가 산 속은 물론 들판에 까지 널려 있곤 했다. 마을 사람들은 들판에 쌓여 있는 사금파리가 농사일에 지장이 있다며 오히려 귀찮아하고 있던 때였다.

사금파리가 발견된 곳은 나에게는 보물창고였다. 그 사금파리 주변의 흙이 바로 그 사발의 태토胎土인 질이었다. 사용된 흙은 알 수 있었지만 문제는 유약과 형태였다. 특히 책에 나와 있는 그 이도다완

(井戸茶碗)의 굽 부분에 맺혀 있는 오돌토돌한 구슬 같은 유약 몽우리는 도저히 풀 수 없는 수수께끼였다. 수수께끼는 한시도 머리를 떠나지 않았다. 병이 됐다. 마음의 병이 실제 병으로 나타났다. 2년 전 수술을 받았던 신장결석腎臟結石 부위가 다시 도졌다.

아픈 몸임에도 나는 잠시도 발걸음을 멈출 수 없었다. 수수께끼와 사발의 비밀이 나를 가만 두지 않았다. 높은 산을 찾아 들어갔을 때는 아파서 떼굴떼굴 구르기도 했다. 몸은 아팠지만 몸이 나를 계속 놓아주지 않는 이상한 악순환이었다. 사발귀신이 찾아든 게 분

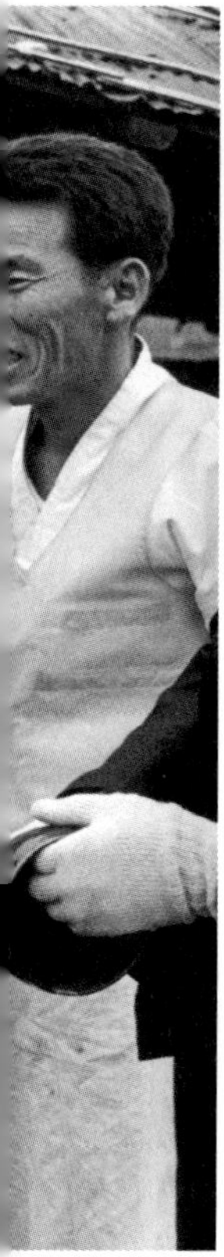

ⓒ 쿠와바라 시세이

명했다.

당시 전국을 나돌아 다니는 여비와 숙식비도 문제였다. 잠은 아무 집이나 찾아가 하룻밤 재워달라고 부탁하면 대개 들어주었다. 밥도 한상 차려줄 정도로 인심이 후한 때였다. 그러나 차비는 그렇지 않았다. 따라서 어느 한 지방을 가면 며칠간은 공사장이나 논밭 일 등을 거들며 일을 할 수밖에 없었다. 산 속에서는 숯 가마터에서 며칠을 보내기도 했다. 품을 팔아가며 전국을 떠도는 떠돌이생활이었다. 도회로 나올 때는 과일행상도 했고, 산에서 내려올 때는 장작을 한 짐 지고 내려와 팔기도 했다. 골동장사도 물론 계속했다.

"석회보다는 나무재를 써야 색깔이 훨씬 곱재"

경북 청송靑松을 찾아갔을 때였다. 당시 청송에서 만드는 사발이 꽤 많이 알려져 있었는데 그곳에서는 도자기를 만드는 나이 많은 사기장들을 흔하게 만날 수 있었다. 그리고 그들을 통해 도자기 빚는 기술을 처음부터 한 번 배워보겠다는 심산이었다. 청송에서 50년 동안 사발만 구워냈다는 한 동네노인을 수소문하여 찾아갔다. 막걸리 한잔을 앞에 놓고서, 나는 호주머니에서 이도다완의 사금파리를 꺼내 들고 물었다.

"영감님, 여기에 쓴 유약이 뭡니꺼? 어찌 맨들었지예?"

"이거, 느릅나무재 아이가? 묵보래에다 느릅나무를 태운 재를 섞어 발라 구운 거 같은데…. 그렇게 하면 이렇게 유약색이 투명해 지는기라. 옛날에는 나무재가 모자라모, 석회로 대신 하거나 이들을 섞어 쓰기도 했재. 그걸 바르면 금방 하하니 변해버리재. 대신 손을 조심해야 하는기라. 손이 타버리거든. 그렇지만 석회보다는 나무재를 쓸 때가 훨씬 때깔이 곱재. 특히 백자를 구울 때는 나무재로 하는 게 제일 좋아…."

귀가 번쩍 뛰었다. 새로운 세상이 열리는 순간이었다. 개안開眼이었다.

"옛 사발을 재현해 내자!"
나는 두 손을 불끈 쥐었다.

돈이 필요했다. 돈을 어디에선가 만들어내야만 했다. 있는 돈을 몽땅 털고, 또 나의 골동품 감정능력을 인정하던 한 부인으로부터 약간의 돈을 빌려 1964년 부산에서 조그마한 가게를 열었다. 골동품 가게였다. 당시 부산에는 두 곳의 골동품 전문점이 있었지만 내 나름대로의 토대를 만들고 싶어서였다.

이 때 만난 사람이 골동전문가 김삼용씨였다. 그는 당시 꽤 오래전부터 골동품 행상을 해오고 있었는데 이러한 인연으로 나와는 뜻이 통하는 친한 친구 사이가 되었다. 내가 부산에 머물 때면 언제나 그의 대연동 집에서 기거하곤 했다. 하지만 그는 어디까지나 골동품을 거래하는 골동상의 길을 걸었고, 나의 길은 따로 있었다. 나의 길

ⓒ 쿠와바라 시세이

은 옛날 사발을 재현하는 것이었다.

가게는 열었지만 나는 한 달에 절반 이상을 비웠다. 전국의 가마터를 찾아 여전히 돌아다녔다. 사발을 직접 만들어 보고 싶은 마음에 도저히 가게에 앉아 있을 수가 없었던 것이다. 몇 달 후에는 아예 문을 닫아 버리고 말았다.

그리고는 당시 골동품 등의 행상을 하고 있던 관계로 경북 지방의 곳곳을 샅샅이 잘 알고 있던 신휴철씨를 만나 막사발을 만들고 있던 가마 이곳저곳 찾아다녔다. 신휴철씨가 수년 전부터 알고 지내던 이상택씨가 운영하는 막사발 가마를 함께 찾아갔을 때였다. 경북 문경군 동로면東魯面에서 요강과 밥그릇사발 등을 만들고 있던 그곳에서 나는 이도다완의 사진을 보여주었다. 또 그동안 주워 모았던 사금파리와 안동지역의 옛날 대감집 등에서 나온 조선백자 그릇 등을 보여주고는 똑같은 것을 만들어 볼 수 없겠느냐고 요구했다.

당시의 막사발은 옛날 고려 · 조선 때의 사발과는 판이하게 다른 사발이었다. 찻그릇용이 아니라 오줌 누는 요강이나 기껏해야 국그릇 등으로 쓰이는 하얀색의 사기그릇으로 왜倭사기보다도 오히려 값이 쌌다. 혹시나 해서 옹기를 굽는 옹기가마에도 같은 것을 만들어달라고 주문해 보기도 했다.

하지만 모든 것은 실패의 연속이었다. 제대로 된 물건이 나오지 않았다. 이듬해인 1965년 여름, 신휴철씨는 충북 단양丹陽 방곡芳谷마을에 있는 김윤태씨를 찾아가 보자고 나섰다. 당시 김윤태씨 집에는 서동규씨와 모홍락씨가 같이 일을 하고 있었다. 마찬가지로 사진 등을 보여주고는 사발을 주문했다. 결과는 마찬가지였다.

일이 이렇게 되자 신휴철씨는 자신의 길로 다시 돌아가 버렸고, 나는 또다시 처음으로 되돌아왔다. 길이 없었다.

몸이 다시 아파왔다. 움직일 수가 없을 정도였다. 날씨까지 무더웠다. 피곤하고, 지친 몸을 누이면 이내 잠에 곯아 떨어졌다. 다시는 깨어나지 못할 것 같은 두려움이 엄습해왔다. 하지만 불과 몇 분도 지

ⓒ 쿠와바라 시세이

나지 않아 가위눌린 듯 다시 깨어나곤 했다. 방 안 가득한 축축한 습기가 온 몸을 감쌌다. 온통 땀투성이였다. 문제는 몸이 아프다고 해서 어떻게 달리 손을 써볼 도리가 없다는 것이었다. 그냥 앉아서 끙끙거릴 뿐이었다. 그러고 있다 보면 통증은 시간이 갈수록 점점 심해지지만, 어느 순간을 지나면 흔적도 없이 사라지곤 했다. 바람결에 흔들리던 들판의 국화마냥 다시 일어났다.

하지만 문제는 나에게 있었다. 우선 옛 사발에 대한 제작 방법을 이론적으로 알지 못하는데 있었고, 성형과 불때기 등도 직접 할 줄 아는 것이 아니었다. 실패를 해도 왜 실패를 하게 됐는지를 몰랐던 것이다. 단지 나에게는 어떻게 해서든 옛 사발을 한 번 재현해 보겠다는 물불 가리지 않는 의지밖에 없었다.

어느덧 흔들리기 시작했다. "과연 내가 해낼 수 있는 일인가? 어떻게 해 낸단 말인가?"하는 불안과 의구심이 온 몸을 감싸기 시작했다. 수행을 하다보면 누구나 망상妄想과 혼침昏沈이라는 두 가지 큰 병통

病痛에 빠진다고 한다. 몸과 마음이 흐릿해져 아무런 기력이나 활력도 없는 상태가 돼버린다. 그것을 깨치는 방법은 단 한 가지뿐이다. 지금, 바로 내 앞의 일에 집중하는 것이다. 내가 지금 무엇을 해야 하는가를 바로 깨닫고 거기에 매달려야 하는 것이다.

기로岐路였다. 어디로 갈지를 결정해야만 하는 순간이었다. 나의 의지로 이 길을 계속 뚫어 나가야 할지, 아니면 운명에 순종하며 산을 내려가야 할지를 결정해야 하는 갈림길이었다.

갑자기 눈물이 쏟아졌다. 내 평생 처음으로 그렇게 울어보기는 처음이었다. 밖에서 누가 듣던 말든 그냥 울부짖는 울음이었고, 쏟아지는 눈물이었다.

숭산 소림사에서 달마 대사가 오로지 대승벽관大乘壁觀의 법을 행하고 있을 때였다. 이 때 혜가 스님이 달마 대사의 제자가 되기를 간청했다.

달마 대사가 말했다. "몸과 마음을 다 던져야 비로소 법을 구할 수 있다."

이에 혜가 스님은 눈 속에 서서 움직이지 않고 며칠 밤을 보냈다. 그리고는 마침내 자신의 팔뚝을 칼로 자르고 몸을 땅에 던지며 법을 구했다. 그 유명한 설중단비雪中斷臂의 이야기이다. 혜가 스님은 마흔이 넘은 나이에 눈 속에 서서 몇날 며칠을 보내다가 그것도 모자라 팔까지 끊는 그 '간절함' 과 '절절함' 이 있었기에 달마 대사의 제자가 될 수 있었다.

"그렇다. 이대로는 안 된다. 머리만으로 일을 해서는 안 된다. 그 간절함과 절절함이 몸에서 배어 나와야 한다. 그렇다면 방법은 단 한

ⓒ 쿠와바라 시세이

가지다. 남에게 맡겨서 될 일이 아니다. 직접 부딪치는 수밖에 없다. 죽더라도 호랑이굴에서 죽자."

죽이 됐든 밥이 됐든 마지막으로 직접 한 번 부딪쳐보고 끝내자는 생각이 들었다. 다시 빗재마을로 향했다. 아예 집을 얻어 놓고 눌러 앉기로 했다.

빗재는 '피재'를 일컫는데, 구황작물救荒作物인 피를 고갯마루에까지 심었기 때문에 붙여진 이름이었다. 그만큼 심산유곡深山幽谷이었고 오지奧地 중의 오지였다. 이곳을 택한 이유는 옛 사발 제작에 필요한 재료가 풍부했기 때문이었다. 고령토와 모래질 황토뿐만 아니라 질박한 질감을 내는 유약원료인 묵보래물토도 사방에 널려 있었다. 이들 물토의 품질은 전국 최상급이었다. 게다가 도락산과 황정산

도자기는 첫째도 흙이고, 둘째도 흙이고, 셋째가 불이다. 큰아들 한균이와 함께한 불때기 작업은 시간과 공간을 뛰어넘는 예술작품을 남기기도 한다.

용두산 일대에 수백 년 되는 재래종 소나무가 하늘을 가릴 정도로 우거져 있어 땔감 걱정을 전혀 하지 않아도 되었다. 이곳은 또 600년 동안 도자기를 구워온 탓에 마을사람 전체가 도자기 기술자이기도 했다.

당시 막사발을 굽고 있던 재래식 가마 한 곳을 빌렸다. 3칸짜리 불가마였다. 직접 흙을 채취하고 유약을 만들었다. 땔감 나무도 품을 사 충분할 정도로 쌓아두었다. 다만 나는 처음부터 물레질을 배우지 않았고, 또 6 · 25때 백마고지 전투에 참전하던 중 오른팔을 다쳤는데 그 이후 손가락 관절에 문제가 생겨 제대로 힘을 쓸 수 없었다. 따라서 어쩔 수 없이 성형작업만은 대장大匠을 돈 주고 불러다 썼다. 그들에게 한꺼번에 사발을 많이 빚게 해놓았다. 그럼에도 불구하고 성형된 작업물량이 모자랄 때는 다른 가마에서 일하고 있던 대장에게 특별히 빨리 성형해 달라고 부탁하곤 했다.

성형된 물건을 가지고 나는 유약과 불 때기 실험을 마음껏 할 수 있었다. 일을 하다가 모르는 것이 있으면 안면이 있는 지방의 옛 가마터 부근 도자기 일꾼들을 찾아 나섰다. 재현하고자 하는 옛 조선 사발인 이도다완(井戸茶碗)과 고비키다완(紛引茶碗) 등이 대부분 경상남도와 전라남도 쪽에서 제작된 것이기 때문에 진주, 하동, 산청, 언양, 보성 등을 수도 없이 찾아 다녔다.

이런 일도 있었다. 하동의 백토가 좀 필요했다. 나는 단숨에 하동까지 달려가 백토를 한 가마니쯤 캐냈다. 문제는 운반이었다. 큰 짐보따리에 집어넣고는 버스를 타고, 또 기차로 갈아타면서 빗재마을로 향했다. 팔이 빠질 정도였다. 신장결석으로 인한 몸의 고통은

내가 재현해낸 황도 사발. 현재 일본에 있다.

더욱 심했다. 당장 죽어버리고 싶다는 생각이 간절했다. 그날 늦은 밤, 나는 그 백토 보따리를 가마에 메다꽂은 후 정신을 잃고 말았다

장모님, 지금도 못난 사위 놈을 미워하세요?

돈이 떨어지거나 명절이 돼야만 집을 찾았다. 문제는 나의 이러한 괴벽 탓에 장모님의 화가 머리끝까지 나 있었고, 결국은 1964년에 이혼을 당해 버린 상황으로 발전했다. 집사람은 아기들을 데리고 친정으로 돌아가 버렸다. 그러나 그것은 단지 법적인 문제일 뿐이지 나에게는 별로 중요하지 않았다. 내 집사람은 어디까지나 내 집사람

이었고, 또한 내 자식은 누가 뭐래도 내 자식이었다. 나는 실제로 4년 뒤인 68년 3월, 다시 혼인신고를 하여 호적을 원 위치시켜 놓았다.

하지만 지금 생각해도 장모님과 집사람에게 미안하기 짝이 없다. 당시 내 집사람은 '우녀장사'를 다녔다. 고향인 삼천포 바닷가에서 젓갈과 미역, 다시마 등 각종 해산물과 수산물 등을 떼다가 함양과 거창, 산청, 지수 등의 내륙지방에다 파는 행상이었다. 또 봄철이면 나물장사, 채소장사 등 그야말로 안 해 본 장사가 없다고 푸념할 정도였다. 거기다가 지방행상을 나갈 때면 큰 아들 한균翰均이를 등에 들춰 업고 다니곤 했는데 고생이 이만저만 아니었을 것이다. 그런 고생 탓인지 지금도 허리가 아프다며 고통스런 얼굴을 지을 때가 많다.

1963년 가을, 집사람은 배가 만삭인 채로 장사를 떠났다가 경남 진양군 단목골 마을에서 아들 경균京均이를 출산하기도 했다. 장모님은 이처럼 자신의 딸이 온갖 고생을 하자 모든 게 못난 사위 탓이라며 매일같이 신세한탄이었다. 심지어는 "그릇귀신이 씌었다"며 굿판을 세 번씩이나 벌이기도 했다. 그래도 상황이 나아지지 않자 그 이후로는 굿을 일체 하지 않았다고 하지만, 당시 장모님의 나에 대한 미움은 실로 대단했던 듯하다.

사바娑婆세계라는 게 그런 게 아니던가. 사바라는 말은 '인내'忍耐라는 뜻이다. 이 세상은 누구나 괴로움을 참고 견디며 살아갈 수밖에 없는 세상 아닌가. 욕심대로 되는 세상도 아니다. 그렇다고 도중에 포기할 수도 없지 않은가! 아무리 좋은 환경에 있는 사람도 괴로움을 겪긴 마찬가지다. 경제적인 문제만 없으면 행복할 것 같지만 사실은 부유한 사람도 탐욕과 더 큰 소유욕 때문에 또 다른 갈등과 고민을 만들어 가지게 된다. 실제로 나는 그동안 돈 많은 사람 중에 행복해 하는 사람을 거의 보지 못했다. 나름대로의 고민과 고통을 다 갖고 있는 사람들이었다. 본인의 몸이 아프거나, 자식들이 잘못된 길을 가고 있거나, 아니면 명예와 권력에 눈이 어두워 남에게 손가락질을 받는 경우도 흔했다. 차라리 돈이 없어 당하는 고통은 그 중에서도 가장 마음 편한 쪽이라 해도 과언은 아닐 것이다.

어찌됐던 장모의 사위에 대한 미움이 깊어지면 질수록 장인어른은 넌지시 이를 막고 나섰다. 사위에 대한 욕설이 심해지거나 자신에 신세한탄으로 가슴을 칠 때면 장인은 어험! 어험! 하면서 헛기침을 하고는 그만하라며 꾸지람을 하곤 했다. 어느 날 장모에게 한참을 당하고서 풀이 죽어있던 나를 장인어른이 조용히 불렀다.

"자네, 신 서방. 돈이 필요하재. 많지는 않은데 이거 갖다 쓰거라."

적잖은 돈이었다. 나는 그 길로 다시 단양의 빗재마을로 들어갔다. 훗날 들은 이야기이지만 그날 장인어른이 나에게 준 돈은 소를 판 돈이었다. 대신 장모에게는 소를 잃어버렸다고 거짓말했다는 것이었다.

나는 그 이후 가마에 불때는 날에 가끔 꿈속에서 장인어른을 만나곤 하는데, 그런 날에는 반드시 훌륭한 그릇이 나오곤 했다. 장인어른이 못난 사위를 위해 저 세상에서도 노심초사하고 계신 건 아닌가 싶어 코끝이 시큰해진다.

또 한 번은 이런 일도 있었다. 한 참 일을 하던 중 돈이 떨어져 잠

ⓒ 쿠와바라 시세이

시 집을 찾았고, 안사람에게 그날 밤 돈을 좀 융통할 수 없겠느냐며 슬며시 부탁했다.

"알라들은 커 가는데 우찌 할라꼬 이럽니꺼. 이젠 좀 그만하고 집으로 돌아 오이소. 제발 이렇게 부탁합니더."

집사람은 두 무릎을 꿇고 빌고 있었다. 나 역시 가슴 속으로는 하염없이 울었다.

하지만 그 순간, 내게 꼭 필요한 것은 돈이었고 한 시간이라도 빨리 빗재마을로 돌아가야 한다는 생각뿐이었다. 그렇지 못하면 어딘가에서 노임을 팔아 다시 돈을 벌어 가야했는데 마음이 급해 도저히 견딜 수가 없었다. 집사람이 잠든 시각, 몸빼 안주머니에 차고 있던 돈주머니에서 돈을 꺼내기로 했다. 우녁장사 밑천이라는 것을 뻔히 알고 있었다. 하지만 내가 더 급했다. 마음에 급한 나머지 돈주머니 끈을 아예 가위로 잘라내고 주머니째로 들고 집을 튀쳐나갔다. 밤 11시의 캄캄한 밤길이었지만 어둠이 문제가 아니었다.

지금 생각하면 절로 손에 땀이 난다. 그야말로 별놈의 짓을 다 했다. 그만큼 옛 우리 사발을 재현해 보겠다는 생각이 강했던 탓이리라. 그 누구도 이러한 나의 열정을 꺾을 수가 없었다. 어디서 그러한 배짱과 용기가 나왔던지….

그래서 나는 지금도 떳떳하게 말한다.

"사기장의 길은 내 운명이고, 종교다. 또 깨달음의 길이었다."

내가 사기장의 길을 가지 않았더라면 사실 나는 일찍 죽었을지도 모른다. 그 아픈 몸을 이끌고도, 오직 옛 사발을 재현해 보겠다는 일념으로 버텼던 것이다. 운명 같은 도자기와의 만남에 후회는 없다. 지금도 흙을 만지면 포근하고, 그때가 가장 행복하다.

석성우 스님은 이렇게 말했다.

"흙은 생명의 원천이다. 목숨이 있는 것은 모두 흙을 의지한다. 그 흙을 다루는 것은 장인의 손이다. 흙을 그냥두면 흙이지만, 흙에 감성을 불어 넣으면 보석이 된다."

02

불의 노래

사기장이 만드는 그릇은
기술로 만드는 것이 아니라 마음으로 빚어야 한다.
따라서 불을 땔 때는 절대로 교만해서는 안 되며,
아주 신성하고 엄숙한 마음으로
불과 얼굴을 마주해야 한다.

"아무 짝에도 필요 없는 걸 와 맹글라카노?"

점점 초조해져 갔다. 방곡 빗재마을 가마에서 그렇게도 많은 사발을 구워봤지만 성에 차는 작품은 단 한 점도 나오질 않았다. 옛 사발인 이도다완井戸茶碗의 수준에는 전혀 다다르지 못했다. 형태도 그랬지만, 유약과 빛깔, 질감 등 모든 면에서 모자랐다. 특히 사발 굽 부분의 오돌토돌한 형태는 도저히 불가능했다. 불이 세면 흘러내려 버리고, 약하면 딱딱해져 모양이 제대로 나오질 않았다. 가마에 불을 떼면 뗄수록, 시간이 갈수록 오히려 사발 수준은 더 떨어지는 듯했다.

"이러다간 안 되겠다. 무슨 방법이 없을까."

몸도 다시 아파왔다. 그 전부터 계속 아팠던 몸이지만 이번에는 정말 세상이 끝나는 듯한 아픔이었다. 모든 걸 포기하고, 그만둘까 하는 생각만 계속 머리를 맴돌았다. 막막하고, 답답한 심정이었다. 3년간의 작업이 물거품이었다.

두려움이 몰려오기 시작했다. 가마의 불은 물론이고 사발도 공포로 다가왔다. 좌절과 절망감에 몸부림을 쳤다. 잠을 이룰 수 없었다. 몸이 아픈데다 졸음까지 쏟아졌지만 한 시각도 잠을 이룰 수 없었다. 오직 불안감뿐이었다. 죽는다는 게 바로 이렇게 하다 가는 것이구나 하는 생각이 들었다.

"죽자. 차라리 죽자. 모든 것을 버리고 죽자."

죽겠다고 해서 죽어지는 것도 아니었다. 지친 나머지 쓰러졌다가 일어난 듯했는데, 주위에서 소란스런 목소리들이 들렸다. 가마의 일꾼들이 몰려와 사람 죽어간다고 야단이었다. 하지만 그들인들 뭘, 더 이상 어떻게 해 볼 도리가 없었다. 혀만 끌끌 찰 뿐이었다.

다행히 며칠 뒤, 몸을 다시 추스를 수 있었다. 마침 문경 갈평葛坪에 조선시대 말 관요官窯였던 분원分院 가마에서 물레대장大匠으로 일했던 김교수(金敎壽 1897~1997년) 선생이 계시다는 소개를 받았다. 곧바로 그가 일하고 있는 가마로 찾아갔다. 빗재가마에서 문경새재까지는 바로 산 몇 개 건너였다.

68년 가을이었다. 나의 설명을 들은 그는 혀를 끌끌 찼다.

"이런 아무짝에도 필요 없는 그릇을 와 맹글라카노. 더구나 팔리지도 않을 사발인데. 내 양심상 이런 걸 맹글기 위해 물레를 찰 수는 없

오른손에는 막소주, 왼손에는 비닐우산, 그래도 갈 곳이 있다. 나를 기다리는 가마터로 나는 가야 한다. ⓒ 쿠와바라 시세이

는기라….”

당시만 해도 조선사발이 아닌 일반 밥식기나 화분 등을 만들고 있었던 만큼 김교수 선생은 나의 이런 제의에 단호하게 손을 내저었다. 한마디로 쓸데없는 짓이라는 이야기였다. 한참을 설득했다.

“고려와 조선 초기의 이 옛 사발이야말로 우리 민족의 그릇이지예. 임진왜란壬辰倭亂으로 인해 사기장의 맥이 끊기고 지금은 그릇조차 완전히 사라졌지만 이런 걸 다시 재현해내야 합니더. 지는 우찌 됐던 이걸 한 번 재현해 보고 싶습니더, 좀 도와 주이소.”

어렵게 승낙을 얻어냈다. 그의 가마에 성형 일을 맡기게 되었다. 마음이 급했다. 하지만 그가 성형한 형태가 영 마음에 들지 않았다. 실망한 나머지 나는 모든 것을 다 깨버렸다. 그 후에도 몇 번을 맡겨봤지만 마찬가지였다.

성형이 제대로 되지 않은 것은 어찌 보면 그럴 수밖에 없었다. 당시 그분의 나이가 이미 일흔 살도 넘은데다, 그 분은 그동안 백자만 빚어온 사기장이었던 것이다. 내가 그에게 성형을 부탁했던 사발은

유약을 준비하는 과정은 인고의 시간이다. 손이 타고 부르텄지만 도자기의 때깔을 위해서는 모든 과정을 손으로 할 수밖에 없다.
ⓒ 쿠와바라 시세이

초선 초기의 옛 사발들로 임진왜란 이후 완전히 그 맥이 끊어져 있었고, 따라서 흙의 성질이나 형태 성형 등에서 기존의 백자와는 작업환경이 완전히 달랐던 것이다.

하지만 김교수 선생이야말로 분원의 마지막 대장으로서 조선백자의 맥을 이어온 분이며, 당연히 인간문화재로서 대접을 받아야 한다고 생각했고, 나는 그 후 많은 사람에게 이런 주장을 해왔다.

이러저러한 우여곡절과 시련의 과정을 통해 그래도 나는 하나씩 하나씩 많은 것을 배워가고 있었다. 흙의 배합비율은 물론, 성형과 유약, 불때기와의 관계 등에 대해 면밀한 연구가 가능했다. 이제는 한 번 해볼 수 있겠다는 생각이 들었다. 여전히 나의 머리는 이도다완뿐이었다. 이도다완 중 한 점이 일본의 국보로 지정되어 있고, 또 보물로 지정된 네 점 중 하나는 오사카성(大阪城)과도 바꾸지 않는다는 바로 그 사발이었다.

다시 빗재마을 가마에 불을 넣기 시작했다. 사발 성형은 아예 형틀을 만들어 놓고 거기서 찍어낸 다음 손으로 다시 변형시켜 만드는 로쿠로 작업으로 충당했다. 물레성형에 비해 사발의 맛은 다소 떨어졌지만 어쩔 수 없는 일이었다.

68년 늦가을, 나는 또다시 몸과 마음이 무너지고 있었다. 의욕도, 용기도 잃었고, 모든 것이 지칠 대로 지친 상태였다.

"이건 정말 안 되는 일인가? 불가능한 일인가…."

몸은 파김치가 되었고 곧 쓰러질 것 같았다. 이런 상태에서 그동안 몸을 무척이나 괴롭혀 왔던 신장결석이 도져 이제는 도저히 움직일 수 없는 단계에 까지 이르렀다. 할 수 없이 부산으로 내려왔다. 당시 집사람은 부산으로 이사를 와 문현동 시장에서 콩나물장사 등의 노점상을 하고 있었다. 큰 아들놈 공부 때문에 부산으로 이사를 온 것이다.

곧바로 부산 자성대병원에 입원했다. 큰 수술이었다. 콩팥에서 돌 3개를 끄집어내는 대수술이었다. 의사는 적어도 3개월 이상의 몸조리를 해야 된다고 말했다. 하지만 도저히 병상에 누워 있을 수가 없었다. 머리에는 사발과 불타는 가마 생각뿐이었다. 정신은 몽롱했지만 사발 생각만 하면 또렷해졌다. 그야말로 사발귀신에 쓰인 게 아닌가 할 정도였다.

병원에서 퇴원하자마자 나는 다시 봇짐을 꾸렸다. 아직 수술자국이 아물지 않아 피가 나오는 상태였다. 집사람에게 급전이라도 좋으니 돈을 좀 마련토록 했다. 그날 밤 나는 수술한 배를 움켜쥐고 빗재가마로 향했다. 가마는 썰렁하기 짝이 없었었다. 그 동안 사람 손길이 닿지 않은 탓에 한겨울의 날씨마냥 춥게만 느껴졌다. 아픈 몸을 이끌고 나는 다시 가마 일에 매달렸다.

죽을 고비를 넘기고 나니 마음이 편해졌다. 안심安心, 그야말로 편안한 마음이었다. 괴로운 마음은 아무리 뒤척여도 편해질 수가 없다. 마음을 고요히 하자 모든 소리가 들리기 시작했다. 자연의 소리, 내 몸의 소리, 마음의 소리 등등….

반야심경般若心經을 절로 외웠다. 오온五蘊이 다 공空하다고 했다. 따라서 나도 공하고, 슬픔도 공하고, 아픔도 공한 것이다. 내가 공하다는 것은 내가 '나'가 아닌 것이며, 슬픔과 아픔이 공하다는 것은 역시 슬픔도 아픔도 아니라는 것이다. 그렇다면 진실한 나는 무엇인가?

"그렇다, 그동안 마음만 앞섰다. 나를 완전히 비워야 하고, 나를 철저하게 죽여야 한다. 크게 죽어야 크게 산다. 완전히 버려야만 다시 살아난다."

마음을 내려놓고 나자 일손이 풀리기 시작했다. 이상한 일이었다. 그동안 그토록 풀리지 않던 일들이 서서히 풀려가기 시작했다. 집중력도 훨씬 강해졌다. 수행자는 방 안에서 뱀과 함께 지내듯이 하루하루를 살아간다. 자기 방에 뱀이 있으면 누구를 시기하거나 증오할 틈도 없을 뿐만 아니라 근심할 여유도 없다. 오직 뱀의 움직임에만 신경을 곤두세우게 된다.

이처럼 관찰대상을 한 순간도 놓치지 않는 자세로 일에 임해야 한다. 나무 조각을 끊임없이 비비지 않으면 불을 얻을 수 없듯이 한 순간에도 마음을 놓아서는 안 되며, 혼신의 힘을 다해야 한다는 이야기다.

"이런 거 있으면 얼마든지 가져오소. 내가 다 살게"

꿈속에서 몇 년 전 청송에서 만났던 사기장 할아버지를 만났다. 신선神仙의 옷차림을 한 그는 나에게 뭐라고 손짓을 하면서 불꽃을 가리키고 있었다. 꿈에서 깨어나 보니, 이미 새벽의 뿌연 기운이 창가에 스며들고 있었다.

그 영감님의 이야기를 곰곰 되씹었다.

"이거, 느릅나무재 아이가? 묵보래에다 느릅나무를 태운 재를 섞어 발라 구운 거 같은데…. 그렇게 하면 이렇게 유약색이 투명해 지는기라. 옛날에는 나무재가 모자라모, 석회로 대신 하거나 이들을 섞

도자기 조각에 유약을 입혀보고 있다. ⓒ 쿠와바라 시세이

어 쓰기도 했재. 그걸 바르면 금방 하하니 변해버리재. 대신 손을 조심해야 하는기라. 손이 타버리거든. 그렇지만 석회보다는 나무재를 쓸 때가 훨씬 때깔이 곱재. 특히 백자를 구울 때는 나무재로 하는 게 제일 좋아…."

〈석회를 섞어서 쓴다!〉 그동안 수차례 석회를 섞어서 써보고, 또 석회가루만으로도 유약을 만들어봤지만 매번 실패했던 게 아닌가!

〈불이라, 불이 뭘까?〉 그렇다, 한 번 태워보자. 어떻게 되는지.

석회석을 불에 구웠다. 그리고는 그것을 갈아서 얻은 석회가루에다 나뭇잎 재를 섞어 써보았다. 유약의 느낌이 달랐다. 초벌구이 된 사발에다 한 쪽은 나무재 유약을, 또 한 쪽은 기존 방식대로 석회에다 나무재를 섞은 유약을, 세 번째 쪽에는 석회석을 태워서 얻은 재에다 나무재를 섞은 것, 네 번째에는 석회석 태운 재만을 쓴 유약을 발랐다.

나는 가만히 있을 수가 없었다. 한 시각이라도 빨리 가마에 불을 넣어보고 싶어 견딜 수가 없었다. 우선 사발을 각 40개 정도만 넣고 가마도 1칸 불만 때기로 했다. 한 숨도 자지 않은 채 가마 곁에서 불을 지켰다. 불이 익어가면서 점점 흥분의 강도가 더해져 갔다.

불을 지펴가면서 불구멍으로 보는 사발그릇의 모양이 조금씩 달라 보였다. 사발 자체가 이미 불덩이인 탓에 확신할 수는 없었지만 사발 굽 부분의 오돌토돌한 가이라기(梅花皮)가 생겨난 것으로 보였다. 지금까지는 이 부분이 흘러내려 계속 실패를 했던 것이다.

이틀 뒤, 아직 완전히 식지도 않은 가마에서 사발을 꺼내던 나는 마구 소리쳤다.

"이도다완이다! 됐다, 됐어!"

제대로 형태를 갖춘 이도다완 몇 점을 발견한 것이다. 흥분의 도가니였다. 아무리 봐도 이도다완이었다. 조선 초기의 바로 그 옛 사발, 이도다완이었다. 1969년 초여름이었다.

우거진 숲 속에서 온갖 새소리가 들렸다. 솔바람 소리와 함께 청아했다. 아마도 이런 소리를 듣기는 처음인 듯했다. 그동안 쏟아지는 빗소리와 뭇 개구리 소리는 들어본 듯했지만 이처럼 여유로운 소리는 아마도 처음이었을 것이다.

조선 초기의 옛 사발인 이도다완은 이렇게 하여 재현됐다. 지금에서야 이런 방법이 아니더라도 가능하지만 당시로서는 그야말로 획기적인 대 발견이었다. 지금 생각해도 가슴 설레고, 떨리는 순간이었다.

나는 우선 서너 점을 챙겨 그 길로 부산으로 향했다. 골동품상을 하고 있는 친구 김삼용에게 그 작품들을 넘겼다. 그는 눈을 휘둥그레 뜨고는 어디서 캐냈느냐고 야단이었다. 대충 얼버무려 놓고는 다음날 아침 일찍 곧바로 빗재마을로 다시 올라왔다. 확실한 성공을 확인하기 위해서는 몇 칸을 제대로 구워봐야겠다는 생각에서였다.

그날부터 가마작업을 서둘렀다. 마음이 급했다. 시간이 그렇게 더디게 갈 수가 없었다. 결과는 대성공이었다. 첫 번째 때보다 더 나은 작품이 몇 점 쏟아져 나왔다.

"됐다, 됐어!" 흥분을 감추고, 골동전문가들의 감정을 한 번 받아보자는 생각이 들었다. 김삼용이를 불러 올렸다. 그리고 그가 알고 있던 서울의 고미술 감정가인 차명호씨 집을 둘이서 찾아갔다.

"선생님, 이거 우리 집 주인어른이 어디서 구했다는데예 어떤 물건인지 좀 알아봐 달라고 해서 찾아왔심더. 이 물건 진짜 맞십니꺼?"

찻잔을 찬찬히 살펴보던 그는 정색을 하고 앉았다. 물건을 자기에게 넘기라는 것이었다. 그는 자신의 부인에게 저녁 식사를 준비하라고 말했고, 그 부인은 눈치 빠르게 청요리를 주문했다.

"이봐요, 신 선생, 이런 물건이 있으면 앞으로 나에게 가져오세요. 내가 얼마든지 사 줄 테니…."

초벌구이된 사발에 유약을 입히고 있다.
© 쿠와바라 시세이

나는 귀를 의심했다. 그리고는 "주인어른에게 말한 뒤에 넘겨주겠다"는 말을 남기고, 그 집을 곧바로 뛰쳐나와 밤 기차로 대구로 향했다. 역시 김삼용이가 잘 알고 있던 전문골동상이면서 골동감정가로 유명한 윤병선씨에게 다시 한 번 들러보자는 생각이었다.

"이거 어데서 구했노. 나인데 넘기라. 값은 후하게 처주께."

점심 무렵, 우리는 윤병선씨 집으로 찾아갔다. 그는 눈을 깜박 깜박거리며 한참을 쳐다보았다. 그리고는 "아참, 둘이 다 밥 안 묵었제"하면서 우릴 환대했다. 그때 그의 친구가 들어왔는데 그는 놀라서 급히 이 물건을 책상 밑으로 감춰버렸다.

"뭔데 그라노. 내 다 봤다. 그 물건 한 번 보자."

물건을 힐끔 한 번 보여주고는 다시 빼앗아 책상 밑에 집어넣었다. 그 친구는 크게 화를 내며 집 문을 박차고 나가버렸다. 그리고 잠시 뒤 전화가 걸려왔는데 윤 선생은 나에게 전화를 바꿔주었다. 처음에

“이게 찻사발 아이가….” 부인 이대순과 함께 도자기 구입상에게 그릇을 시집 보내고 있다. 돈을 세는 구입상의 손놀림이 예사롭지 않다. ⓒ 쿠와바라 시세이

는 여자목소리였는데 금방 남자 목소리로 바뀌었다. 조금 전에 보았던 윤 선생의 친구 분이었다. 일이 끝나면 길 건너편에 있는 다방으로 좀 와달라는 것이었다.

적당한 핑계를 대고 골동품점을 나온 우리는 약속대로 그 다방으로 갔다.

“돈은 얼마든지 줄 테니 나인데 그 물건을 넘기라. 아까 그 친구보

다 내가 훨씬 더 쳐주께. 앞으로도 이런 물건 있으면 나하고 거래하자, 응"

나는 처음으로 웃었다. 가슴을 활짝 열어 펼쳤다. 하늘이 모처럼 파랗게 보였다.

"됐다, 됐어! 이제 됐다, 내가 드디어 해냈다!"

나는 그 길로 고향 사천집으로 향했다. 오랜만에 부모님과 형제, 처갓집 식구들을 보고 싶은 마음에서였다. 마음 편하게 쉬고 있던 나는 친구들과 함께 있던 방에서 라디오 정오 뉴스를 듣고 깜짝 놀랐다. 내가 문화재 도굴범으로 수배중이라는 뉴스였다. 자세한 내용까지는 듣지 못했지만 분명 내 이름이었다.

"아니, 내가 도굴범이라니. 이게 무슨 날벼락이고…."

전화를 해보니 부산 집에서도 난리가 나 있었다. 집사람은 울고불고 야단이었다. 벌써 형사들이 들이닥쳐 잠복을 하고 있었고, 나를 찾는데 혈안이라는 것이었다. 그리고 집사람은 그동안 하나둘 빗재가마에서 갖다놓은 이도다완 그릇과 옛 가마터에서 주워 놓은 옛 사발 사금파리들까지 몽땅 다 깨 내다버렸다고 했다.

뭔가 일이 잘못 돌아가고 있었다. 나는 곧바로 수배 중인 부산남부경찰서 형사계로 찾아갔다.

"내가 무슨 도굴범입니꺼? 도대체 우찌 된 깁니꺼?"

사연의 전말은 이랬다.

빗재마을에서 빚은 사발들 중에서 몇 점이 김삼용이를 통해 팔려나갔는데 그것을 산 일본인이 이를 가져 나가려다 부산공항 세관에서 문화재 밀반출혐의로 적발된 것이었다. 세관당국은 즉시 이를 문화재 감정관에게 의뢰했고, 감정 결과 진품으로 판정이 내려졌다는 것이었다. 그 사람은 물건을 산 곳을 이야기했고, 김삼용이를 통해 내 이름이 밝혀지면서 나는 졸지에 도굴범이 되어 전국에 지명수배가 내려진 것이었다.

나는 사실을 사실대로 말하고, 절대 도굴하지 않았다고 주장했다. 그리고 방곡의 빗재마을 가마로 가보자고 말했다. 경찰에서는 내가 하도 강하게 우기자, 서울의 대학교수와 부산의 고미술감정가를 불러들여 공식적으로 감정을 의뢰했다.

ⓒ 쿠와바라 시세이

문제는 더욱 꼬였다. 이들의 감정 결과, 모두가 조선 초기의 이도다완 진품이라고 판정한 것이다. 영락없이 나는 도굴범이 돼버렸다.

우여곡절 끝에 나는 담당형사와 빗재마을로 올라왔고, 현장을 직접 확인시켜 주었다. 물론 한참 후 무혐의 처리로 사건은 마무리됐다. 어찌됐던 나는 이런 난리 끝에 내가 만든 이도다완의 진가를 확인하게 된 셈이다.

사실 당시만 해도 국내에선 옛 사발에 대한 인식이 전혀 없었다. 먹고 살기도 힘든 형편인데다 고려시대와 조선 초기의 사발이었던 만큼 알지도 못했다. 속된 말로 거저 줘도 안 가져갈 때였다. 내가 옛 사발을 재현하기 위해 몸부림을 치면서 그렇게도 전국 방방곡곡을 헤매고 다녔지만 누구 한사람 알아주는 사람 없었고, 관심 가져주는 사람도 없었다.

하지만 일본사람들은 달랐다. 그들은 어릴 때부터 도자기가 귀한 줄을 알고 자라왔다. 그에 비해 정작 도자기의 종주국인 우리는 도자기의 가치를 잊고 살아왔다. 일본인들은 재현된 이도다완임에도 불구하고 상당한 값을 치르며 사가는 사람이 많았다. 이런 가운데 일본을 오가던 화물선 선장이었던 최 모 선장은 이들 중 몇 점을 일본으로 가져가 팔기도 했다. 또 재일교포들도 관심을 갖고 한두 명씩 가마터를 들락날락거리기 시작했다. 김해공항 사건도 이런 과정에서 터져 나온 해프닝이었던 셈이다.

판매는 다음의 문제였다. 우선 그토록 꿈에도 그리던 조선 초기의 우리 전통그릇인 사발을 재현해낸 것이다. 우리의 옛 사발인 황도사발, 이도다완이 재현됐다는 사실이 김삼용이를 통해, 그리고 사람들의 입과 입을 통해 조금씩 알려지기 시작했다.

문경새재 가마에서 서선길, 천한봉씨와 합류

사발이 제법 많이 만들어지면서 운반이 문제가 됐다. 한두 점일 때는 가방에 넣거나 할 수 있었지만 양이 많아지면서 불편했다. 또 생산량을 늘리기 위해서는 더 많은 흙과 유약, 그리고 사람이 필요했다. 빗재마을은 오지 중의 오지였기 때문에 한 번 오가기도 힘든 게 사실이었다.

그러던 어느 날, 나는 문경으로 갈 때면 항상 머무르고 했던 화성여관 주인장으로부터 한 사람을 소개받았다. 문경새재에서 가마를 빌려 화분과 요강, 밥그릇용 막사발 등을 생산하고 있던 서선길徐仙吉씨였다. 거기에는 천한봉千漢峯씨도 함께 일하고 있었다.

"그렇다. 문경으로 가서 한 번 부딪혀보자. 문경에는 재료나 인력, 교통편 등 모든 게 여기보다는 낫지 않겠나."

문경에는 당시 일반 백사발을 만드는 가마가 많이 있었고, 옛 가마터도 여기저기에 널려 있었다. 나는 서선길씨에게 일을 주기로 하고 구두약정을 했다. 그 일은 내가 시키는 대로 사발을 빚는다는 조건이었다. 사발 성형 1개당 일정액의 돈을 주기로 했고, 가마에 불을 때면 장작 값과 별도의 돈을 더 지불하기로 했다. 대신 내 작업을 하지 않을 때에는 자신들의 작업을 계속해

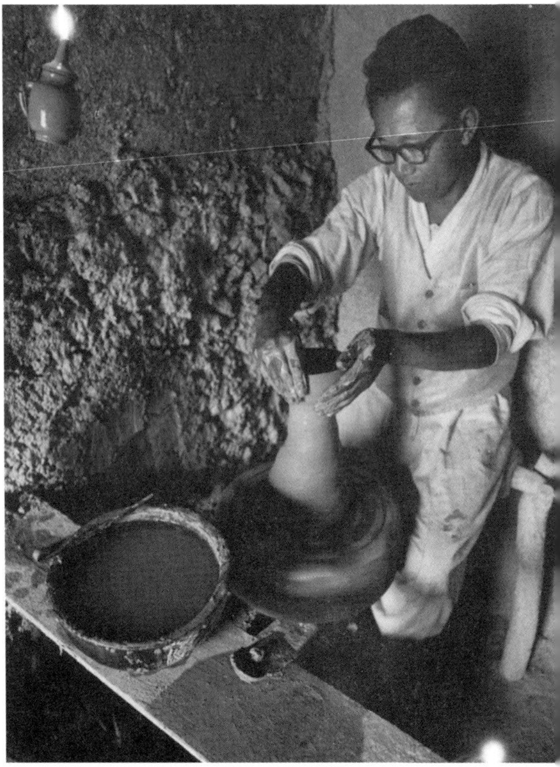

오른팔을 다쳐 물레 성형을 하는데 어려움을 겪었지만 원하는 작품을 만들기 위해서는 직접 물레를 차기도 했다.
ⓒ 쿠와바라 시세이

도 좋다는 조건이었다.

따라서 내가 변수邊首로서 총 작업지휘를 맡고, 천한봉씨에게는 물레대장을, 서선길씨에게는 흙과 유약관리 등의 일을 맡겼다. 또 그 당시 내가 전국의 옛 가마터 이곳저곳을 찾아다닐 때 함께 했던 서민홍徐珉洪씨도 아예 합류시켜 일을 같이 하기로 했다. 서씨는 사천 고향 친구였는데 도자기 일을 해보겠다며 나를 따라 다니던 중이었다. 그에게는 장작을 패는 등의 잡일을 맡겼다. 다만 유약 만들기와 불때기 등의 작업은 내가 주도했고, 힘든 일이나 큰일을 처리할 때는 넷이서 같이 힘을 합쳐야 했다.

일을 한 만큼 나는 돈을 계산해 주었다. 성형된 그릇 한개 당 당시 100원 정도 계산해 주었던 것으로 기억된다. 하루에 300~400개 정도 성형작업이 가능했기 때문에 결코 적은 돈은 아니었다. 성형된 그릇이 열흘치 정도 모이면 곧바로 초벌구이 작업을 했고, 이어 유약을 입히고 재벌구이에 들어갔다. 그때마다 나는 서선길과 천한봉 씨에게 돈을 지불했다.

이곳에서도 시련은 있었다. 천한봉씨가 이도다완의 성형을 맡는 물레대장을 했지만 내가 바라던 형태가 나오지 않았다. 그동안 한 번도 해 본 적이 없는 작업이었고 물과 흙 등의 주변 환경도 달랐기 때문이었다. 그때 깨버린 사발이 아마 산 하나쯤은 됐을 것이라 생각된다. 하지만 그는 진실하고, 성실하게 일에 임했다. 시간이 가면서, 또 성형하는 옛 사발의 숫자가 늘어나면서 서서히 자리를 잡기 시작했다. 눈에 띄게 제대로 된 작품의 생산량이 늘어났다.

처음에는 이 가마에서 이도다완(井戶茶碗)을 주로 만들었지만 나는 이때부터 다양한 조선사발을 시험했고, 또 만들어냈다. 미시마(三島), 이라보(伊羅保), 고비키(紛引), 하케메(刷毛目), 카다테(堅手) 다완과 케이류잔(鷄龍山) 다완 등이 그것이다. 이렇게 할 수 있었던 것은 천한봉씨의 뛰어난 물레솜씨가 있었기에 가능했다. 당시까지만 해도 나는 이도다완 하나에만 매달려 있었지만 천기千技를 가진 물레대장 천한봉씨를 만나면서 옛 사발의 재현 범위를 넓혀나갈 수 있었다. 뿐만 아니라 가키오도시(搔落), 고모가이(熊川), 아마모리(雨漏), 긴카이(金海), 가키노헤다(柿の帶), 도토야(漁屋), 호리미시마(彫三島) 등도 만들어 보기 시작했다.

이도다완은 경남 진주 · 하동 · 산청지방을 중심으로 제작된 옛 사발로 '황도사발'로 표현되기도 한다. 미시마는 상감분청을 말하며, 이라보는 약토藥土사발을 가리키는데 전국에 산재돼 있는 약토를 유약으로 삼아 제작됐다. 고비키는 소위 덤벙분청사발로 전남 고흥군 운대리 가마터를 중심으로 많이 생산됐으며, 철분이 많은 태토의 성형을 초벌구이 후 유약통에다 텀벙 빠뜨려 유약을 입혔기 때문에 붙여진 이름이다. 하케메(귀얄분청)는 백토를 붓으로 찍어서 사발 안과 바깥 부분에 휙 돌려 칠한 사발인데 전국적으로 생산됐다. 카다테는 태토인 백토의 질이 비교적 낮은 조질粗質백자로 이 역시 각 지방에서 두루 생산됐다. 케이류잔은 계룡산 지역에서 생산된 귀얄분청 기법에다 철사鐵砂로 그림을 추가한 옛 사발이다.

가키오도시는 성형된 사발에 분을 칠해놓고 칼로 깎아 내어 문양을 나타낸 것이며, 고모가이는 함경도에서 만들어진 옛 사발이지만 일본 왜관倭館이 있던 경남 진해 웅천항熊川港을 통해 일본으로 건너

간 사발을 말한다. 이 사발은 굽 부분에 유약을 칠하지 않고 사발 안쪽 중심부에 10원짜리 동전만한 크기로 동그랗게 파놓은 형태이다. 아마모리는 태토가 거친 사질로 만든 사발로 차 마신 흔적이 남는 사발을 말한다. 긴카이는 경남 김해金海지방을 뜻하나, 사실은 지방 연질백자를 가리키는데 주로 골동상에서 쓴 용어이다. 가키노헤다는 형태가 감꼭지를 닮았고, 때깔도 진한 감색을 띄고 있다. 도토야는 이 사발을 처음 갖고 있던 일본인이 어물전을 했기 때문에 붙여진 이름인데, 굽 부분의 태토가 마치 땅 속에서 서리가 서듯이 흙 날이 서 있는 사발이다. 호리미시마는 칼이나 도장으로 먼저 문양을 새겨 넣고 그 속에 백토를 채워 빚은 일종의 상감기법 사발이다.

일본에서는 우리 옛 사발을 이처럼 세분화하고 나름대로의 이름을 명명하고 있지만, 오히려 본산지인 한국에서는 성도, 이름도 제대로 붙여지지 않았다. 이들 전체를 통칭하여 '막사발'이라 부르고 있었다. 이들 중 호리미시마와 긴카이, 가키노헤다. 도토야 등은 한국에서 주문제작하여 수입해간 작품이 대부분이다.

전통가마에서 조선 도자기를 만드는 것은 당시 혼자 힘으로는 도저히 해낼 수 없는 일이었다. 우선 흙을 파와서 수비水飛를 해야 하고, 소나무를 쪼개고 말려 장작을 미리 확보해야 했다. 또 유약은 유약대로 따로 준비해야 하고, 물레는 물레대장이 맡아 성형을 해야 했다. 성형을 할 때도 옆에서 흙을 반죽해 주거나 적당한 크기로 잘라 집어 넣어주는 사람과 또 그것을 옮겨서 건조시키는 사람도 있어야 했다. 불때기 역시 마찬가지였다. 통상 3~4일 동안 불때기를 하는

"한 고물만 더!" 불때기는 그야말로 경험의 산물이다. 장작 한다발을 더 던져넣으면 기물이 익는 깊이는 늘어나겠지만 자칫 흘러내릴 수도 있어 늘 조심스럽다. ⓒ 쿠와바라 시세이

탓에 혼자서 이 모든 것을 처리할 수는 없었다. 그래서 예부터 도자기 작업은 협동작업이었다. 조선시대 관요官窯를 보면 한 분원의 전체 인원은 300~500명에 달했다.

> 분원分院에 파견된 번조관燔造官들은 비록 실무책임자였지만 분원에 상주하지 않고 제작상황에 따라 일시적으로 파견되었기 때문에 제작 과정을 완전히 이해하거나 기술개발에 참여할 수 있는 여건이 되지는 않았다. 따라서 실질적으로 분원에서의 자기 생산을 맡고 있는 사람들은 바로 장인들이었다. 이들의 구성을 보면, 우선 각 공정을 종합감독하고 제작하는 우두머리인 변수邊首가 있으며, 그 아래에 공정별로 장인들이 배치되었다. 그 장인들의 명칭과 구성은 다음과 같다.
>
> 1.감관(監官, 감독원) 1명
>
> 2.원역(員役, 서기) 20명
>
> 3.사령(使令, 심부름하는 자) 6명
>
> 4.변수(邊首, 분원 장인의 우두머리) 2명
>
> 5.조기장(造器匠, 성형하는 자) 10명
>
> 6.마조장(磨造匠, 굽 깎는 자) 10명
>
> 7.건화장(乾火匠, 건조하는 자) 10명
>
> 8.수비(水飛, 수비하는 자) 10명
>
> 9.연장(鍊匠, 흙 이기는 자) 10명
>
> 10.참역(站役, 수리 담당자) 18명
>
> 11.화장(火匠, 불 때는 자) 7명
>
> 12.조역(助役, 불 때는 조역) 7명

13.부호수(釜戶首, 불 때는 우두머리) 2명

14.남화장(覽火匠, 불꽃을 보고 온도를 계산하는 자) 2명

15.화청장(畵靑匠, 그림 그리는 자) 14명

16.연정(鍊正, 유약 제조자) 2명

17.간수장(看水匠, 시유하는 자) 2명

18.파기장(破器匠, 제품 선별자) 2명

19.공초군(工抄軍, 잡부) 2명

20.허대군(許代軍, 잡부) 202명

21.운회군(運灰軍, 재를 운반하는 자) 1명

22.부회군(浮灰軍, 재를 수비하는 자) 1명

23.수토 재군(水土載軍, 물토 운반자) 10명

24.수토 감관(水土監官, 물토 감독원) 1명

25.수세고직(水稅庫直, 수세 고지기) 1명

26.노복군(路卜軍, 짐꾼) 2명

27.감고(監考, 문지기) 3명

28.진상 결복군(進上結卜軍, 진상품을 포장하는 자) 10명

(『순백으로 빚어낸 조선의 마음, 백자』, 방병선, 2002년, p 61~62)

관요에는 미치지 못했지만 민요民窯에서도 적잖은 인원이 필요했다. 일제시대 때 일반 식기와 화분, 요강 단지 등을 만드는 막사기점을 운영하는데도 도사기장都沙器匠과 사기장 각 1명, 보조공 3~4명이 필요했다.

일반적으로 옛 사발을 빚기 위해는 적어도 다음과 같은 정도의 인

원은 필요하다.

1.물레대장: 사발을 성형하고 굽을 깎는 등의 일을 한다.

2.거나꾼(꼬박): 태토를 이겨주고 대장이 바쁘면 굽도 깎는 등의 일을 한다.

3.질꾼: 흙을 밟는 사람

4.잡일꾼: 흙을 파오고 수비를 한다

5.불대장: 주로 대장이 일을 맡는다.

6.변수: 가마 전체 일을 총감독하고 이끄는 사람이다.

이 많은 인원을 두고 일을 한다는 것이 어려웠다. 경제적인 부담, 다시 말해 품삯이 문제였지만 제대로 된 인원을 구하기란 더욱 어려웠다. 일꾼들의 품삯은 일제 말 기준으로 대장은 일당 40전錢, 거나꾼 20전, 질꾼 16전, 잡일꾼 12전 등이었다. 당시 쌀 1되가 12전이었다. 1년에 서너 차례 가마에 불을 넣는 작업인 만큼 이 돈으로는 생활 자체가 어려웠다. 사기장들의 사회적 신분도 매우 낮았다. 사기장을 흔히 '점店사람' 또는 '점놈'이라 하여 고려나 조선 초기와는 전혀 다른 대접을 받고 있었다. 소위 천민이었다. 주로 산 속에서 살았기 때문에 결혼도 끼리끼리 할 수밖에 없었다. 이런 상황에서 사기장들은 웬만하면 그릇 굽는 일을 하지 않으려 했고 기회만 되면 빠져나갈 궁리를 했다.

일을 한다고 해도 제대로 생계유지가 안 됐으니 어쩔 수 없는 일이기도 했다. 그러니 대를 이어 도공을 한다는 것은 그야말로 어려운 일이었다. 게다가 일제 때는 도자기를 만들면 민족정신이 생긴다는 이유로 총독부總督府에서 만들지 못하도록 은연중에 규제를 했다. 자기들은 대를 이어가면서 만들었지만 우리는 그렇게 못하도록 했다. 우리의 도예기술이 맥을 끊기게 된 데는 이와 같은 사회적인 요인도 작용했다.

도자기 굽는 일은 협동작업, 혼자서는 무리

도자기를 빚는 도예작업은 그림을 그리는 것과는 전혀 다르다. 그림이 화가畵家 개인 한사람만의 작업이라면, 옛 도자 작업은 그야말로 여러 사람에 의한 협동작업이고 예술이었다. 협동작업이기 때문에 이들 전체를 기획하고 조정하는 사람이 있어야 했는데 그 역할을 맡는 사람이 변수邊首, 즉 가마터의 우두머리였다. 오늘날로 치면 오케스트라의 지휘자이다. 그 밑에 대장大匠과 거나꾼, 질꾼, 잡일꾼 등의 여러 가지 역할을 맡는 사람이 각기 나름대로 필요하다.

문경에서는 나와 서선길, 천한봉, 서민홍 네 명이 각자의 역할을 나름대로 나눈 것도 바로 이런 이유에서였다. 요즘 혼자서도 충분히 가마를 운영할 수 있는 시스템이 돼있는 것을 보면 그야말로 금석지감今昔之感을 느끼게 된다.

재현에 성공한 옛 사발의 생산은 순조로웠다. 이제부터는 판매가 문제였다. 그동안은 재현시키는 데에만 온 정신이 팔려 전혀 신경을 쓰지 않았지만 생산량이 늘어나면서 이야기는 달라졌다. 팔지 못하면 더 이상 만들 수가 없었고, 만들 필요도 없었기 때문이다.

1972년 들어 옛 사발에 대한 일본인의 인기가 크게 높아졌다. 한국인 고미술 소장가와 재일교포들이 밀려오기 시작했다. 이런 붐을 배경으로 전시판매장을 마련키로 했다. 그동안 부산 중앙동의 부산데

파트 1층에서 카메라판매점을 운영하고 있던 사진작가 김호용씨가 이런 역할을 해주고 있었다. 그는 자신의 고객인 수많은 일본인과 재일교포들을 대상으로 나의 이도다완을 소개했고, 때로는 일부를 직접 판매하기도 했다.

이런 인연으로 그의 가게 바로 옆 가게를 빌려 '신정희 도요전시판매장' 을 개설했다. 물론 김호용씨의 지속적인 도움이 있었고, 처음에는 전시장 자체를 그가 거의 운영하다시피 했다.

가마가 바쁘게 돌아가던 72년 가을, 김호용씨의 소개로 일본인 보도사진작가인 쿠와바라 시세이(桑原史成)가 취재를 위해 문경 가마에 들렀다. 그는 취재 후 일본의 '세계화보' 에 이를 집중 소개하는 르포 기사를 썼다.

"한국에서 도예인 신정희씨에 의해 조선 초기의 옛 사발인 이도다완이 재현됐다. 그것은 '환상의 찻사발' 이다"는 내용의 기사였다.

반향은 컸다. 일본 언론들이 이 기사를 계기로 몰려들기 시작했다. 요미우리(讀賣)와 아사히(朝日), 마이니치(每日) 등의 일본 3대 신문은 물론이고 일본국영TV인 NHK와 TBS, 후지방송 등 민영TV방송국에서도 관심을 갖기 시작했다. 또 일본인들의 가마터 현지 방문도 점차 늘어났다. 자연히 작품 소개와 함께 판매가 이뤄졌다.

쿠와바라는 어찌됐던 한국전통도자기를 일본에 알린 주인공이 되었고, 한국 전통도예의 일본 진출에 가장 큰 몫을 했다고 해도 과언이 아니다. 그는 지금도 한국의 자연환경과 도자기, 차 문화 등에 깊은 관심을 갖고 있으며, 일년에 몇 차례 한국을 방문하여 사진을 찍거나 프리라이터로서 취재활동을 하고 있다.

그는 1936년 일본의 남북부 지역인 시마네켄(島根懸) 츠와노쵸(津和野町)에서 태어났다. 1960년 동경농업대학을 졸업한 후 그때부터 환경과 문화 분야를 중심으로 한 보도사진작가로 줄곧 활동해 왔다. 60년대 초반, 일본을 떠들썩하게 했던 미나마타병을 집중 취재 보도함으로써 일본사진비평가협회 신인상(1962년) 고단샤(講談社) 사진상(1965년) 일본사진가협회 연도상(1971년) 이나노부오(伊奈信男)상(1982년) 등을 수상하기도 했다. 2003년에는 한국에서 '동강상'東江賞을 받기도 했다. 그동안 한국의 전통도자기와 자연환경, 임진강을 통해 본 북한 등에 대해 많은 관심에 가져온데 대한 평가였다.

ⓒ 쿠와바라 시세이

그의 고향인 츠와노쵸 당국은 2004년 당시의 '현대포토갤러리'를 '츠와노쵸립 쿠와바라 시세이 사진미술관'津和野町立 桑原史成 寫眞美術館으로 개명하는 한편 보도사진을 중심으로 한 그의 평생작품을 연중 상설 전시하고 있다. 그는 사진미술관의 명예관장이기도 하다.

부산의 도자기전시판매장의 매출액이 점차 늘기 시작했다. 이에 위탁관리가 아니라 아예 직영하기로 하고 먼 친척인 이 모씨에게 판매장 관리를 맡겼다. 그는 어느 날 자신의 이름으로 '조령요'鳥嶺窯라는 상표를 등록해 버렸는데 법을 모르고 있던 나는 당혹스러웠다. 당시 이도다완을 빚어내던 문경 가마를 통칭하여 '조령요'鳥嶺窯라고 부르고 있었으나 그가 상표등록을 해버렸기 때문에 더 이상 쓰기가 싫어졌다. 그 이후 얼마간 그 이름으로 유지하다가 79년 이후 가마 이름을 아예 '신정희요'申正熙窯로 바꿔 부르고 있다.

1970년대 초반 들어 한국의 중화학공업이 본격화되면서 부산에는 수많은 일본인이 몰려들었다. 철강과 선박, 기계, 자동차, 화학공업 등의 제반 분야에서 한국기업과 일본기업과의 제휴 또는 인적 교류가 봇물 터지듯 늘어났다. 다시 말해 일본 정치인과 기업인들에게 선물할 도자기가 많이 필요할 때였다. 때를 만난 것이다. 그들에게 줄 선물로서 조선백자와 고려청자, 그리고 조선사발은 최고의 선물이었다. 이때부터 한국 사람들도 조금씩 옛 사발에 대해 관심을 갖기 시작했다. 주로 기업인들이었다. 내 기억으로 한국인 중에서 가장 먼저 내 작품을 구입한 사람은 작고한 동방유량 창업주 신덕균(申德均 1909~1999년) 회장이었던 것으로 기억된다. 그 후로는 국제상사 양정모梁正模 회장과 자유건설 정주영(鄭珠永 1923~1999년) 회장 등도 자주 가마를 들렀다.

한국에서 전통도자기가 부활된 시기가 바로 이때였다. 곳곳에서 옛 도자기의 재현작업이 시작되고, 가마가 우후죽순 격으로 늘어나기 시작했다. 하지만 그때까지만 해도 아직 조선사발을 만들 수 있는 곳은 문경 가마 외에는 없었을 것이다.

1973년 부산문화재전에서 이도다완을 출품하여 특선을 하기도 했고, 그 뒤로도 많은 공모전에서 상을 받기도 했다. 그러나 나는 이러한 상에는 별반 관심이 없었다. 내 작품을 제대로 평가할 수 있는 수준에 있는 사람들이 그 당시만 해도 많지 않았기 때문이다.

이때부터 경제적으로도 다소의 여유를 갖게 되었다. 1970년에 부산 수정동에 200여 평의 대지를 가진 제법 큰 집을 은행융자를 끼고 구입했다. 물론 이 집은 집사람의 그간의 피눈물 나는 노력의 산물이었다. 집은 안정되어 갔고 가족들 모두가 웃음을 되찾아 가고 있었다. 그런 행복을 느끼고 있을 즈음, 1974년 초봄 누군가의 고발에 의해 탈세혐의 및 외환관리법 위반으로 내가 입건되는 일이 일어났다. 다행히 조사결과 무혐의 처리됐지만 아직도 그 때의 일을 생각하면 마음이 무겁다. 판매전시장 운영에서 빚어진 일이었다.

옛 사발이 소위 잘나가는 상품으로 인식되고, 찾는 사람들이 늘어나면서 생각지도 별별 일도 많이 생겨났다. 1973년에는 도자기 판매상을 하고 있던 김 아무개라는 사람이 시중에서 싸구려 도자기를 구입한 뒤 이를 오동나무 상자에 넣고 '조령요'와 '신정희'라는 도장을 찍어 고가에 판매하는 일이 일어났다. 그는 서울종로경찰서에 의해 상표법 위반 및 부정경쟁방지법 위반, 사인위조 등의 죄로 형사 입건됐다. 이 사건은 1973년 7월28일 각 신문에 크게 보도되기도 했다.

이런 일도 있었다. 이 즈음해서 나는 옛 조선사발을 일본에 수출하기 시작했다. 당시 전통문화재 관련 상품을 수출하기 위해서는 문화재관련 협회의 승인을 얻어야 했는데 이때 자주 담당직원과 말다툼을 펼쳐야 했다. 담당관이 사발 굽의 오돌토돌한 '가이라기'(梅畵皮)

황도사발 재현에 성공하면서 나를 찾는 사람들의 발길이 잦아졌다. 청요리집에서 보내는 시간이 많아졌지만 내 마음은 언제나 도자기 하나뿐이다. ⓒ 쿠와바라 시세이

를 보고 불량품으로 처리해 버렸기 때문이다.

"이보시오. 이런 엉터리 불량품을 수출하면 국가 이미지에 얼마나 먹칠을 하는지 알아요!"

매번 이런 식이었다. 이를 설득하고 이해시키기까지는 상당한 시

간이 걸렸고, 담당 직원이 바뀌면 또다시 해야 하는 악순환의 연속이었다.

당시 이도다완을 재현한 내용과 1970년대 초반, 일본인들에게 조선 옛 사발의 인기가 어떠했는지를 가늠해 볼 수 있는 기사가 일본의 마이니치每日신문사가 1985년 발행한 『고려다완 현대도자기』高麗茶碗 現代陶瓷器에 실려 있다, 물론 필자는 쿠와바라 시세이이다. 다만 그는 이 글에서 그가 처음으로 나를 만난 1972년도에 이도다완을 처음으로 재현한 것으로 적고 있는데 이는 자신이 처음 취재했다는 것을 알리기 위한 의도였을 것으로 보인다. 당시 이도다완은 빗재가마에서 재현되어 만들어지고 있었고, 문경으로 건너와서는 본격적인 생산단계였다.

신정희申正熙-이도다완을 재현한 도공陶工

1972년 가을, 수도 서울과 부산의 거의 중간지점에 위치한 경상북도 문경군의 한 산골에 세 명의 도공, 신정희와 천한봉, 서선길씨가 있었다.

완만한 구릉의 경사지에 낙타등을 떠올리게 하는 7칸의 등요登窯가 길게 언덕을 향하고 있다. 세 사람은 2년 전부터 일본에서 '흙그릇'이라 불리는 이도다완(井戸茶碗)과 고비키(粉引), 계룡산鷄龍山 등의 분청사기粉靑沙器의 재현을 시도해 왔다. 그때까지 고비키와 계룡산, 호리미시마(彫三島) 등의 재현은 약간의 아쉬움은 남아 있었지만 나름대로의 성과를 얻어왔다. 하지만 이도다완만은 사발 굽의 가이라기(梅花皮) 부분이 태토와 유약, 그리고 고화도의 불때기에서 오리지널에 가까운 소성燒成이 불가능했다.

내가 문경을 방문한 이틀 후에 이도다완을 가마에서 끄집어내는 일정이 잡혀있었기 때문에 나는 체재기간을 연장하여 그 작도作陶의 과정을 취재할 수가 있었다. 신씨와 천씨가 잔뜩 긴장한 얼굴로 불가마 측면의 불구멍을 열었다. 신씨의 손이 가볍게 떨리고 있다. 그토록 기다리던 사발 굽 부분에 가이라기가 자연스럽게 생겨나 있는 것이 보였다.

신씨는 만면에 웃음을 띠면서 자랑스럽게 일본어로 말했다. 주변의 모든 사람들도 술렁거렸다. '가이라기' '이도다완' 등의 일본말의 의미가 사실 솔직히 말해 문경을 방문하기 전까지는 나에게 익숙하지 않았다. 그러나 그들의 환한 얼굴표정에서 이도다완의 재현이 확실하게 이뤄졌다는 것을 직감할 수 있었다.

히데요시(秀吉)가 조선에 출병한 1592년의 임진왜란을 전후하여 이도다완의 제작이 끝났다고 전해지는 만큼 그렇다면 400여 년 만에 재현된 셈이다. 이도다완이 고려로부터 일본으로 건너온 유래에 대한 기록은 그 어디에도 기술돼 있지 않다. 언제, 어느 지방에서 만들어졌는지 등 모든 것이 수수께끼인 채로 400년 세월이 흘렀다.

그 이도다완의 하나가 교토(京都) 대덕사大德寺 고보우앙(孤蓬庵)에 '비장'秘藏돼 왔다. 매년 단 한 차례, 고보우앙에서 열리는 다회茶會에서 햇볕을 보게 되지만 일반인은 전혀 볼 수가 없다. 이 찻잔의 이름은 '키자에몬'(喜左衛門)으로 국보로 지정돼 있다. 이 키자에몬 이도다완은 옛 사발 중에서도 최고를 자랑하는 일등급인데 도예계와 다도계의 사람들 사이에선 그 존재가 널리 알려져 있다.

입구가 넓은 찻잔이다. 정확하게는 찻잔의 입구 넓이가 15.5㎝, 높이 9.1㎝이다. 우리가 일반적으로 사용하고 있는 찻잔보다는 한 둘레만큼 크다. 로쿠로 선의 처리도 대담하면서도 소박한 성형이다. 굽 부분에는 고래껍질 모양으로 된 오돌토돌한 융기의 가이라기가 붙어 있고, 잘 들여다보면 그 내부에 찻물이 고인 흔적 같은 모습이다. 이것은 여러 번 구워내면서 자연스레 유약이 흘러내려 만들어진 것이다. 또 400년간의 세월을 견뎌오면서 찻잔입구에는 차 찌꺼기로 얼룩진 적갈색으로 과일 비파나무의 열매 색(枇杷色)을 떠올리게 한다.

일본에서 현존하는 이도다완은 20여 개에 이르는 것으로 알려지고 있지만 이들 이도다완은 도대체 어떤 지역에서 만들어졌던 것일까? 만든 도공은 물론 가마터조차 알려지지 않은데다, 또 '이도'라는 이름과 일본으로 운반된 연대 등 그야말로 모든 것이 수수께끼인 채로 그야말로 '환상의 찻잔'으로 존재해 왔다.

이때 취재한 르포기사와 사진을 일본잡지에 '환상의 옛 사발을 재현한 아리랑 고개의 도공, 신정희'라는 제목으로 게재했다. 이 그라비아 페이지의 기사를 읽은 일본인들이 골동품점에서 진귀한 물건이라도 얻은 양 문경으로 몰려들었다. 이때부터 한국에서는 일본인에 의한 이상한 도자기 붐이 일어났다.

일본인이 좋아하는 다기茶器가 폭발적인 인기를 누리면서 그때까지만 해도 도자기에 대한 관심이나 흥미조차 느끼지 않고 있던 재일교포와 한국인 수집상들까지 돈을 들고 몰려들었다. 당시까지만 해도 돈과는 별다른 인연이 없었던 이들 세 사람의 사기장은 과열된 찻사발 붐의 물결에 휩싸인 채, 끝내는 서로 헤어지는 운명을 맞게 되었다. 천한봉과 서선길은 각각 독립하여 문경에 남고, 신정희는 부산 가까이에 있는 통도사 쪽으로 이사했다.

1930년, 경상남도 사천泗川에서 태어난 신정희는 6·25전쟁 때 참전했고, 전역 후에는 골동품 도자기행상으로 장사를 했던 적도 잠시 있었다. 그 때문에 고려·조선의 청자와 분청, 백자 진품을 판별해 내는 감정능력을 키워 '골

한 고물 한 고물 더 던져 넣으면 가마 속의 기물은 점차 그 색깔을 드러내게 된다. 온도가 올라가면 불보기를 꺼내 색깔과 도자기 상태를 수시로 점검한다.
ⓒ 쿠와바라 시세이

동감정사 신정희'로 불렸다.

부산에서 서울로 가는 경부고속도로 왼편에 곡창지대인 양산평야가 있고, 영축산(1,058m) 자락에 한국의 3대 사찰인 통도사가 자리하고 있다. 수령 수백 년에 달하는 큰 소나무가 입구 양편에 드리워져 있으며 절 정문 바로 앞에서 오른편으로 방향을 털어 조금만 올라가면 신정희의 가마인 '조령요'가 불쑥 나타난다. 그의 호는 '장여'長如. 조선 초기 한때 구워졌으며, 서민들의 사발의 하나로 사용됐던 이도다완의 재현은 신정희에게 있어 현대도공으로서의 보람을 확신시켜 주었다. '이도'의 후로는 고비키(粉引)인 분장분청粉粧粉靑의 재현을 모색하고 있으며, 오늘날에는 조선시대의 모방에 그치지 않고 고비키 수법을 살린 현대도예 작품을 창작해 오고 있다.

바람이 불면 통도사의 범종소리가 은은히 들려오는 양산의 산골마을에 갇혀 사는 신 씨는 속계와의 인연을 일부러 피한 채 고독하게 도자기 굽는 일을 계속하고 있다.

–쿠와바라 시세이 (『高麗 · 李朝 現代陶瓷撰』, 每日新聞社, 1985년, p184)

회자정리會者定離… 꼭두바위에서 통도사 옆으로 이요移窯

호사다마好事多魔라 했던가. 일이 잘 풀려나가자 우리들 사이에는 이상한 기류가 형성되기 시작했다. 그 첫 시발은 덤벙분청사발, 일본말로는 고비키다완(粉引茶碗)을 둘러싸고 일어났다. 나는 흙을 별도로 준비했고, 그간의 경험을 토대로 고비키다완의 재현을 시도했다. 몇 차례의 실패가 이어졌다. 이런 과정에서 뜻이 맞지 않아 심적인 고통이 더해졌다.

뿐만 아니라 그동안 이도다완을 포함해 조선사발의 인기가 날로 높아가고 언론은 물론 일본인과 재일교포, 한국인 고미술품 소장가들의 방문이 줄을 이어면서 이미 각자의 마음엔 큰 강물이 흐르고 있었다. 심지어는 우리들 중 한두 명을 다른 가마로 뽑아가려고 꼬드기는 측들도 생겨났다. 자연히 일이 손에 잡히질 않게 되었고, 서로가 서로의 눈치를 살피는 입장이 돼버렸다. 조그만 일에 대해서도 불평하거나 섭섭해 하는 경우도 생겨났다.

눈으로 볼 때는 깨끗해 보이는 손바닥도 돋보기를 대고 보면 거기에는 상당한 때가 끼여 있는 것을 보게 된다. 지금까지 손이 깨끗하다고 믿어온 상황은 이미 틀린 것이 돼버리고 만다. 할 수 없이 손을 다시 씻는다. 그런 다음에는 이제야 비로소 손이 정말로 깨끗해졌다고 믿게 되지만 진실은 또 그렇지 아니하다. 광학현미경으로 보면 세균이 우글거리는 것을 보게 되고, 나아가 전자현미경으로 보면 또다시 그러하다. 이런 현상은 마음에서도 일어난다. 마음의 눈이 밝아질 때마다 지금까지 보아왔고, 그동안 알았던 것들이 일천하고 미숙했음을 알아차리게 된다. 사람관계도 마찬가지다. 섭섭하니 뭐니 할 일도 못된다. 문제는 어디까지나 나 자신이 부족하고, 어리석었기 때문에 생긴 일이기 때문이다.

이제는 헤어져야 할 때라고 생각했다. 배가 너무 부르면 일을 제대로 할 수가 없는 법이다. 배가 고플 때는 눈에 불을 켜고 일을 해내지만, 배가 불러지면 생각은 딴 데로 가게 마련이다. 서민홍씨가 가장 먼저 떠났다. 그는 도자기보다는 역시 고향땅에서 수산업을 하는 것이 자신의 적성에 맞는다며 미련 없이 문경 땅을 박차고 나갔다.

이를 계기로 나도 지금까지의 계약 해지를 선언하고 그 가마를 떠났다. 그동안 문경읍 관음리觀音里 꼭두바위에 있는 가마터하기 좋은 곳을 찾아 그곳에 새로운 불가마를 지어두고 있었다. 다시 말해 제작 본거지를 옮긴 것이다.

내가 떠나자 서선길과 천한봉씨 역시 각각의 가마를 지어 전통도예가의 길로 나섰다. 서씨는 진안요陣安窯를, 천씨는 문경요聞慶窯를 창업했다. 꼭두바위 가마에는 물레대장 김성기씨(1929~2003년)를 비롯하여 내 처남인 이단효, 이경효 형제와 그림을 도와주곤 하던 해파 선생 등도 함께했다. 또 잡일을 하는 일꾼들도 있었다.

1974년 여름, 그해는 지독한 장마가 길게 이어졌다. 꼭두바위 가마는 물을 쓰기 편리하도록 작은 냇가 옆 경사지에 위치하고 있는데 산골짜기에서 쏟아져 내려오는 거센 빗물에 속수무책이었다. 대피하는 수밖에 길이 없었다. 긴 장마와 홍수가 지나간 뒤 가마를 찾아가자 남은 것은 아무 것도 없었다. 모두를 휩쓸고 가버린 것이다. 망연자실茫然自失했다.

그렇지만 나에게는 이미 옛 사발을 만들 수 있는 자부심과 기술은 그대로 남아 있었다.

"안전한 곳에서 다시 시작하자."

이곳저곳을 물색한 결과, 내 가족들이 살고 있는 부산 가까운 경남 양산군 통도사 인근을 택했다. 경남慶南 양산군梁山郡 하북면下北面 지산리芝山里 574번지, 도시계획법상에는 통도사 경내지역으로 분류되는 땅이었다. 풍수지리상으로 아주 좋아보였다. 마침 이 땅은 통도사 경내지역이긴 하지만 개인소유로 등기돼 있었다. 주인을 찾아 무조건 팔아달라고 매달렸다. 의외로 거래는 쉽게 이뤄졌다. 이곳을 이전 부지로 택한 데는 부산이 당시 일본인들의 왕래가 잦은 곳이라는 점도 계산에 넣고 있었다.

1975년 봄, 나는 이 땅에 불가마와 함께 작업장을 짓기 시작했다. 하지만 지금 생각하니 참으로 어이없는 일이었다. 법적으로 그곳은 통도사 경내지역이었기 때문에 새로운 건축물을 지울 수 없는 땅이었다. 모르고 시작한 일인데, 집이 거의 올라간 즈음 관할청인 양산군에서 공사중지명령이 떨어진 것이다. 하늘이 캄캄했다.

"어떻게 합법적으로 해결할 수 있는 방법이 없을까?"

통도사를 찾아갔다. 경봉(鏡峰 1892~1982년) 큰 스님에게 부탁하여 절의 사용 승낙을 어렵게 받아냈다. 하지만 문제는 관청의 허가였다. 백방으로 뛴 결과, 결국은 1년 여의 시간 뒤 청와대의 도움으로 건축 허가 문제가 해결되었다. 많은 분에게 꽤나 많은 신세를 졌다.

가마 축요築窯작업은 친구이면서 도예가였던 홍재표洪在杓씨에게 맡겼다. 그 후 여러 번의 수리와 증축작업을 거쳐 지금은 9칸으로 형성돼 있다. 일반적인 전통도예 불가마가 5칸이나 7칸이 대부분이지만 9칸의 축조는 그리 많지 않을 것이다.

1976년 들어 통도사 가마가 완성되고 이도다완 등의 우리 옛 조선사발이 제대로 구워지기 시작하면서 나의 도자 인생은 제2의 전성기를 맞게 된다.

"아닌 것은 아니고, 맞는 것은 맞는 것이다"

역사의 진실은 오직 하나이다. 아무리 왜곡하고, 변조하려해도 그

본래의 진실은 그대로 있게 마련이다. 사람들은 가끔 자신의, 자기 가문의 일에 대해 좋은 쪽만 생각하려 한다. 그런 마음이야 누구나가 갖고 있겠지만 문제는 그런 생각으로 인해 자칫 다른 주변사람들이 불편하거나, 불쾌해 할 때가 있다는 점이다. 그러나 진실 앞에는 그런 점이 문제되지 않는다. 사실이 그랬기 때문이다.

ⓒ 쿠와바라 시세이

공개할 수 없는 것은 두렵기 때문이며, 두려운 것은 비난을 꺼리기 때문이다. 비난을 꺼리는 것은 또 비난받을 행위를 했기 때문이다. 비난받을 짓을 하지 않았다면 매사에 떳떳할 것이다.

공자孔子는 말했다. "아는 것을 안다고 하고, 모르는 것은 모른다고 하라. 그것이 참으로 아는 것이다"고.

내 성격은 누구나가 알다시피 있는 말 그대로 하는 편이다. 모르면 모른다고 말하고, 그게 아니라면 아니라고 말하는 쪽이다. 나에게는 숨기거나 감출 일이 없는 만큼 어떤 일에 대해 보태거나 돌려 말하지도 않는다. 물론 사람이 오랜 시간을 살아오다 보면 적잖은 실수와 자신도 모르게 저지른 폐해도 있을 것이다. 또 그 이야기는 하지 말았으면 하는 개인적인 아픔도 있을 것이다.

나에게도 이런 부분이 왜 없기야 하겠는가. 하지만 나는 평생을 오직 한길, 옛 사발의 재현과 그릇 굽기에만 매달려 살아왔기에 그렇게 많지는 않았을 것으로 생각된다. 나 역시 60년대 초부터 젊은 나이에 옛 사발에 미쳐 전국을 하루가 멀다 하고 싸돌아다니다 보니 술과 여자로부터 자유스런 편은 아니었다. 지금 생각하면 모든 게 부질없는 일이었다.

하지만 나는 일에 관해서는 분명한 내 고집이 있고, 어떠한 경우에도 내 방식대로 하는 편이다. 또 배울 것은 불원천리不遠千里하며 찾아가 배우지만, 아닌 것은 분명히 그런 게 아니라고 상대방이 있는 면전에서 직접 말하는 편이다. 그래서 남들은 내 성질이 '괴팍하다' 고 까지 말하곤 한다. 아마도 그래서 지금껏 사기장을 하고 있는 모양이지만 말이다.

2004년 7월 장남 한균翰均이가 '오마이뉴스' 라는 인터넷 매체에 쓴 글을 놓고 적잖은 논란이 됐다.

"필자의 부父 신정희가 처음으로 우리나라 지방사발을 연구하여 세상에 알린 장소가 문경이었고, 문경에서 400년 만에 우리의 지방사발을 탄생시킨 분이 지금의 필자의 부父 신정희입니다. 또 그 당시 문경에 계신 분들에게 찻사발에 대해 가르친 것도 아버님입니다…" 는 내용 때문이었다.

문경전통도자기협회는 그해 10월5일 '문경 관련 신한균(필자의) 명예훼손과 역사 왜곡 건' 이라는 문서를 보내왔고, "신한균씨의 진정한 사과와 정정 보도를 요구하며 이에 응하지 않을 경우 그에 합당한 조치를 취하겠다"고 주장했다. 그리고는 형사고발을 했다.

물론 나는 아들에게 왜 쓸데없는 짓을 했느냐고 꾸짖었지만, 분명한 진실을 놓고 이러니저러니 하는 사람들에 대해 화가 났다. 아닌 것과 말을 하지 않는 것은 분명 다르다. 이왕 말을 꺼냈으면 진실은 분명히 밝혀야 한다.

나는 즉시 내용증명으로 진실에 기초한 지난 날을 구술하여 보냈다. 당시의 상황에 대해서는 당사자가 가장 정확하고, 분명한 입장에서 있다. 하지만 이제 한명 두 명씩 그들이 세상을 떠나면서 후손들에 의해 진실이 왜곡, 포장되거나 잘못 전해지는 일이 생겨나기도 한다. 그래서는 안 된다.

나는 도자기를 빚는 사기장들이 이러한 일로 상처를 입어서는 안 된다고 생각한다. 물론 이 일은 법적으로 무혐의 처리되어 일단락되었지만, 나는 큰 아들에게 당부했다.

협회 관계자들은 물론 천한봉씨 등 현재 문경지역에 활동하고 있는 원로들을 찾아가 정중하게 인사를 하도록 했다. 앞으로도 같은 전통도자기계에 종사하고 있는 사람들이 마음을 뭉쳐 단합하는 분위기를 만들어 나갔으면 하는 생각이다. 서로를 헐뜯거나 비방하는 일은 아무런 도움이 되지 못한다.

나의 문경 시절에 관한 일의 내용과 작업과정은 지금까지 쭉 구술해 왔지만, 이와 관련하여 서동규徐東奎씨와 서민홍徐珉洪씨의 증언과 천한봉千漢鳳씨의 언급, 『사기장 이야기』와 『문경군지 증보판』聞慶郡誌 등이 이를 뒷받침하고 있다.

서동규徐東奎 씨의 증언

내가 신정희씨를 처음 만난 것은 1965~66년 정도로 기억한다. 그가 다완을 처음으로 재현했다. 그 뒤에 다른 사람들이 따라서 만들었다. 그때 내가 일하고 있던 단양 방곡을 찾아왔는데 찻길이 없는 등 불편해 문경으로 가버렸다. 당시에 느릅나무 재를 유약으로 사용한 사람은 신 선생이 처음이었다. 나는 그 후 재만 발라서 도자기를 만들었고 그것으로 특허를 받기도 했다.

내 기억으로 그가 2년 정도 방곡에 있었던 것 같다. 그의 지시대로 일을 하면 하루 품삯이 100원일 때 그는 1,000원을 주기도 했다. 그는 도자기가 구어지면 가마에서 꺼낸 뒤 대부분을 깨버리고 몇 개만 골라 가지고 갔다. 어떤 때는 이런 형태를, 또 어떤 때는 저런 형태의 그릇을 만들어 달라고 지시했다. 불때기는 불대장에게 맡겼지만 때로는 본인이 직접 지시하며 불을 때기도 했다. 유약은 그가 직접 개발해 썼다. 재현된 조선 초기사발(다완)은 문경을 포함해서 방곡까지도 신정희씨 때문에 알게 되었다.

(2004년 11월27일 증언)

서동규씨는 1938년 충북 단양에서 출생하여 1956년 방곡도요에 입문했다. 2000년 명장에, 2002년 무형문화재 10호로 선정된 충청도 도예계의 큰 별이다.

서민홍徐珉洪씨의 증언

나는 1965년께부터 신정희씨가 조선사발을 연구하기 위해 전국을 배회하고 있던 도중에 동행했다. 동행한 이유는 그가 옛 사발과 골동을 보는 감정능력과 심미안을 가졌기 때문이었다. 그는 신장결석이라는 중병을 앓고 있었는데 그 아픈 몸에도 불구하고 전국의 옛 가마터를 찾아 돌아다녔다. 그와 함께 간 곳은 진주, 하동, 진해, 웅천, 언양, 김해, 전라도 보성과 고흥, 무안 그리고 충청도의 계룡산, 경기도 이천과 광주 등 수를 헤아릴 수 없을 정도였다.

옛 가마터를 찾는다 해도 당시 그 지역에서는 조선사발을 더 이상 만들고 있질 않았다. 그래서 그 지역에서 옛 도자기에 대해 조금이라도 아는 사람이 있으면 찾아가 막걸리나 밥을 사주면서 조언을 받기도 했다. 이리저리 다니다보면 옛 가마를 발견할 수 있었는데 그 가마를 임시로 수리해 불을 때보기도 하고, 모르는 것이 있으면 또 다른 가마터를 찾아 나서곤 했다. 그때 이미 신정희씨는 흙 선정에서부터 유약, 불때기 등의 과정을 나름대로 알고 있었다. 다만 그는 물레대장 출신이 아니기 때문에 성형을 하는 데는 어려움이 따랐다. 직접 빚는다 해도 하루 생산량이 몇 개밖에 되지 않았다. 그것을 해결하기 위해 물레대장이나 옹기대장 등을 찾아다니곤 했다.

그런 속에 성형을 의뢰한 대장 중의 한사람이 김교수金敎壽씨였다. 당시 그는 문경에서 조선사발이 아닌 일반 막사발을 빚고 있었다. 그는 "아무 쓸모없는 그릇을 성형해 달라고 한다"면서 일을 거부해 설득하느라 한참 애를 먹기도 했다. 그리고 이어 60년대 말에 서선길씨와 천한봉씨를 만나게 되었다. 서씨는 문경에서 가마를 빌려 운영하고 있었는데, 천씨와 함께 화분과 청기와 등을 굽고 있었던 것으로 기억된다. 제작공정도 조선사발과는 많이 달랐다. 그 당시 모든 작업은 신정희씨의 지시 아래 이뤄졌다. 왜냐하면 조선사발에 대해 아무도 몰랐기 때문이다. 신정희씨가 모든 것을 지시하여 일거리를 제공했고, 대신 신씨는 노임을 지불했다. 서선길씨에게 돈을 주면 서씨는 다시 천씨에게 돈을 준 것으로 알고 있다. 나는 신씨에게서 직접 노임을 받았다. 초창기 문경가마에서 신정희씨가 노임으로 지불한 돈은 자신의 아내가

시간이 멈췄다. 물레작업을 마치고 자리를 뜬 그곳은 어느덧 태고의 그 시절로 기억을 되돌리고 있다. 작업장 환경이 그야말로 자연적이다. © 쿠와바라 시세이

젓갈행상으로 번 돈이라 생각된다.

당시 천한봉씨는 물레를 담당했고, 나는 신씨의 지시에 따라 산에서 흙을 파오고 유약을 바르거나 장작을 패는 등의 주로 잡일을 맡았다. 서씨는 신씨를 도와 관리를 맡았다. 흙과 유약작업, 불때기 등의 모든 일은 신정희씨의 지시에 의해서만 가능했는데, 이들 대부분의 일은 신씨의 주도하에 모두가 도와 처리하는 형식이었다. 가마에서 사발이 구워지면 신씨는 거의 대부분을 깨버렸고 몇 점만을 골라 부산과 대구 등지로 나갔다 오곤 했다. 신씨가 돌아오지 않을 때는 우리들끼리 노임을 못 받는 게 아닌가하고 걱정하기도 했다.

나는 그 후 개인적인 사정으로 문경의 가마를 떠났고, 서선길씨와 천한봉씨도 각자 자신의 길로 간 것으로 알고 있다. 어찌됐던 신정희씨는 조선사발을 최초로 재현한 그릇장이였다. (2004년 11월9일 직접 증언)

서민홍씨는 1932년 경남 사천에서 출생하였고 나(신정희)와는 고향 친구 사이였다. 한때 도자기 일을 하다가 방향을 바꾸어 그 후 수산업에 종사하여 성공했다.

도천陶泉 천한봉千漢鳳 씨의 언급

1960년경 본인이 경북 문경 관음리에서 서민들이 사용하던 조선사발을 생산해 오던 중 스테인리스, 플라스틱의 등장으로 생활이 어려워져 1965년경 서선길씨와 만나 조령요를 설립, 그 당시 인기 있던 화분을 생산하게 되었다. 그러던 중 1967년경 우연히 부산에서 고미술계에 종사하고 있던 신정희, 조사문, 서민홍씨를 만나게 되었고 차사발을 만들어 보자는 신정희씨의 제안에 반신반의하며 시작한 것이 오늘까지도 쉬지 않고 작업을 계속할 수 있는 계기가 아닐까 생각한다.

그 당시만 해도 우리나라에선 차사발에 대한 지식을 가지고 있는 분들이 몇몇 되지 않았을 것이다. 신정희씨는 차사발마다의 특징, 유약뿐만 아니라 문화적 지식까지 갖춘 사발 박사였다. 그런 그가 나와 차사발과의 인연을 만들어 준 것이다. 신정희 선생과 함께한 것은 1967년부터 1970년, 불과 3년 남짓한 기간이었지만 30년 못지않은 가르침을 받았고 나에게는 희망과 도전의 세월이었다. 인간에게는 3번의 기회가 주어진다고 하지 않던가.

신정희씨와의 인연이 그 세 번의 기회 중 하나가 되었고, 그 인연이 토대가 되어 현재 내 고장 문경은 차사발의 고장이 되었으며 문화, 경제, 관광개발로 힘찬 성장을 하고 있으며 이 모든 것이 1995년 본인을 도예명장으로 만든 밑바탕이 되었다고 믿고 있다. 조금 더 욕심을 내자면 이러한 경제발전이 우리 문경뿐만 아니라 전국적으로 확산되어 발전하길 바라며 도자문화와 함께 차문화 또한 발전하여 후손에게 아름다운 우리 전통문화로 대대손손 지켜줄 수 있었으면 하는 바람이다. (『茶와 사람』, 2004년 3월호 p49)

천한봉씨는 1933년 일본 동경에서 출생하였고 1948년 귀국하여 그해 경북 문경군 관음리 민요에 입문, 수업했다. 1972년 문경요를 설립, 다도구를 전문 제작해 왔다. 1995년 도예명장으로 지정되는 등 한국도예계의 명장 중 명장으로 손꼽히고 있다.

다완茶碗의 태동/ 세 사람의 만남

한국의 다완茶碗이 한국전쟁 이후 언제 어디서부터 발현이 되었는가 하는 것은 명백히 밝혀지지 않은 채, 흘러간 옛날 이야기처럼 지금까지 차인들의

ⓒ 쿠와바라 시세이

입에 오르내려 왔다. 그러는 가운데서는 이야기들이 마치 설화가 전수되듯이 하는 일이 빈번하여, 사실이 가리워지거나 왜곡돼 버리는 경우도 간혹 있었다. 그들을 가까이서 알고 있는 사람으로서, 그들이 아직껏 말을 하지 못했던 부분이라 할 수 있는 사연들을 이제야 본인들의 육성을 통해 듣고, 한국 차문화의 역사를 위해 명백히 밝히게 되었다.

신정희(1930~)씨가 1964년 부산시 남구 대연동에서 김삼룡씨와 함께 생활하고 있을 때 신휴철씨를 만나, 신휴철씨가 수년 전부터 알고 지내던 이상택씨(당시 작업자는 정천만씨)가 운영하는 도자기 공장을 함께 찾아갔다. 경북 문경군(현재 문경시) 동로면에서 요강을 만들고 있던 그곳을 찾아가 다완의 사진을 보여주면서 다완을 주문하였다. 불량이 너무 많이 나와서 결국 실패를 보고, 1965년 단양 방곡에 있는 김윤태(1936~)씨 집을 찾아갔다. 당시 김윤태씨 집에는 서동규씨와 모홍락씨가 일을 하고 있었다. 신정희와 신휴철씨는 김윤태씨에게 다완 사진을 보여주면서 주문을 하였다. 신휴철씨는 김윤태씨에게 주문한 다완에서 계속해서 원하는 작품이 나오지 않아 더 이상 다완 연구를 포기하였다.

단양에서도 원하는 다완이 나오지 않자 신정희씨는 단양과 갈평을 오가면서 백산 김정옥씨의 부친 김교수(1897~1997년)를 찾아갔는데, 다완의 성형만 의뢰하는 일을 일년 반 정도하였다. 이때의 에피소드가 있으니, 김교수씨가 "필요 없는 사발을 만든다며 팔리지도 않을 사발을 양심상 만들 수 없다"고 하여, 설득하는 데 시간이 걸렸다고 한다.

신정희씨는 원하는 찻그릇을 얻기 위해서 단양 방곡과 문경 동로까지 다니며, 조령요를 운영하는 서선길씨 집에서 화분을 만들고 있던 천한봉씨를 세 번째로 찾아가게 되었다.

'강'이 흐르고 있었다. 그 흐름은 '대한민국 다완茶碗의 장엄한 발걸음'을 잉태하고 있었다. 새 역사를 창조할 도도한 흐름의 태동이었다.

'사공'이 있었다. 배는 가지고 있었지만 함께 저을 이가 없어 배를 띄워놓고만 있던 서선길이었다. 그는 마침내 같이 배를 저울 수 있는 사공 하나를 더 만나게 되었으니, 그가 바로 천한봉이었다. 마침내 그 배는 출항을 하게 되었다. 거친 모래톱을 뒤로 하고 푸른 물결 위로 두둥실 항해의 길에 올랐던 것이다.

그러나 이 두 사공은, 그때까지 저어 오던 길로만 배를 저으려 했다. 생활요업만을 화두로 삼는 그들에게는 다른 방향을 바라볼 필요가 느껴지지 않았던 것이다. 아니, 그것 말고는 다른 데로 한눈을 팔 처지도 아니었다. 그런 와중에 뱃머리에 앉아서 배의 방향을 가늠해 줄 사람이 나타났다. 세 번째 사공 신정희였던 것이다. 이들 3인의 뱃사공은, 든든한 작업배경(서선길)과 숙련된 손을 가진 장인(천한봉)과 찻그릇에 대한 감정의 능력을 지닌 인물(신정희)들로서, 우리나라 다완의 명맥을 다시 잇고 재현해 낼 수 있는 최고의 팀이었다.

문경 조령요/ 신정희, 천한봉, 서선길 운영

신정희씨는 천한봉씨가 성형한 다완을 1개당 100원에 구입하는 약속을 하였다. 당시 1일 생산량은 300개로, 천한봉씨는 하루에 300개를 성형하고 굽깎는 일을 마쳤다. 한 달 30일 중에는 성형하는 기간은 10여 일 되고, 흙과 유약을 장만하고 초벌과 재벌구이를 하는 기간이 20여일 되었다. 성형을 마치면 초벌구이에 들어가기 전에 그 수량을 파악, 다완 한 점에 100원씩 계산하여 지급하였다.(30~40일 간격으로 가마작업을 하였다) 신정희씨로부터 받은 돈은 천한봉씨와 서선길씨가 똑같이 나누어 가졌다(1970년 당시 물가를 보면 쌀 한 가마니가 15,000원이었다).

이도다완(井戸茶碗)이라 불리는 찻그릇을 초벌하기 전, 건조된 상태에서 수량을 파악하여 신정희씨는 정확하게 계산해 주었다. 가마 일을 할 때 신정희씨는 연구한 이도다완의 유약을 다양하게 실험하였다. 그때는 나무 값과 임금을 추가로 지급하였다.

천한봉씨와 서선길씨가 장작불 작업을 마치는 순간, 작품의 완성도와는 전혀 상관없이 가마 안의 작품은 그들의 손을 떠나는 것이 되었다. 문경에서 이도다완을 처음 만들 때 경우에 따라서는 90% 이상 불량이 나오는 때도 있었다. 그럴 경우 모두 깨버렸다. 연구의 결과가 조금씩 성과를 거두면서 신정희씨는 국내외 다완 애호가에게 당시로서는 아주 높은 가치를 인정받고 그 다완을 판매하였다.

당시 천한봉씨와 서선길씨는 조령요라는 이름으로 화분을 생산하였는데, 1일 생산량은 100개 정도였고 개당 도매가로 100원을 받았다. 화분 만드는 것이 힘들고 고단한 이유는 첫째, 화분 하나 크기가 최소 30㎝라는 것이었다. 그래서 흙이 많이 들어가고 무거웠다. 장작불로 마무리했을 때 불량품을 제외하고 판매할 수 있는 양을 본다면, 다완보다 10배나 힘든 작업이라 할 수 있었다. 그런 상황에서 신정희씨의 파격적인 제안을 받아들인 것이었다.

세 사람의 헤어짐/ 그러나 그것은 새로운 시작

그들은 모두 이도다완을 만드는 일에 최선을 다하였다. 그러나 헤어지기 얼마 전부터 고비키다완(粉引茶碗)을 만들려고 신정희씨가 흙을 준비하여 몇 차례 시도를 하였는데, 그 과정에서 세 사람은 헤어지게 되었다. 하지만 그것은 각자에게 새로운 시작의 계기가 되었다.

ⓒ 쿠와바라 시세이

서선길씨는 문경읍 털목고개에 진안요를 만들고, 천한봉씨는 문경요라는 가마를 열었다. 각고의 노력을 하던 중 천한봉씨는 일본 다이카쿠지(大覺寺) 주지의 초청으로 일본에 가서 1년간의 다완 수업을 받고 돌아왔다. 그는 대단한 노력과 재능으로, 일본에서 한국의 다완을 훌륭하게 재현하는 작가로 인정받았다. 신정희씨는 관음2리에서 김성기씨를 물레대장으로 두고 작업을 해오다가 그해 큰 홍수를 만나 가마가 떠내려가자 김성기(1929~2003년)씨를 데리고 현재의 경남 통도사 자리로 오게 되었다.

어쨌거나 이들 세 사람의 만남과 그 작업의 사실은, 우리 도예계의 살아 움직이는 태동이었다. 그들이 있었기에 지금 우리의 다완이 존재하는 것이다.

두 거장은 서로에게 이런 말을 남겼다.

신정희– 천왕봉씨만큼 현장에서 진실되고 성실한 작업을 하는 사람을 본 적이 없다. 그는 분명 이 나라 사기장으로서 길이 남을 훌륭한 인물이다.

천왕봉– 신정희씨는 문경에서 고려다완을 재현하는 일을 최초로 기획하였으며, 우리나라 찻그릇이 해외에서 높은 가치로 인정받을 수 있도록 한 일등공신이다.

(『사기장 이야기』, 朴洪寬 지음, 이레디자인, 2004년, p114~121)

문경읍 관음리 미륵재 김복만金伏萬씨는 증조부 때부터 종사하여 3대를 계속 전승해온 문경 도요사의 산 증인으로 간단없이 종사한 분이요, 관음리 강성규姜聖奎씨는 전직 경위警衛인 경찰관으로서 30년의 경험을 쌓은 도예가요, 진안리 서선길徐仙吉씨는 15년 전 문경에 안착하여 오늘의 진안요를 창설한 도예가요, 문경도기연구소 엄상문嚴相汶씨는 홍익대학원 출신 도예가로 경남대학에서 부교수로 재직하다가 민족영원한 문화유산의 계승과 전통을 살리기 위해 교수직을 버리고 연구소를 창설 연구하며 실지작업을 통해 도예가로서의 피나는 노력을 하였고, 본 도요사를 집필함에 있어서 자료수집 정고整稿와 교정을 보아 주셨고, 진안리 인근의 도천 천한봉陶泉 千漢鳳씨도 풍부한 경험과 윤택한 재정으로 도기공장(聞慶窯)을 자영하고 있다.

또 문경군 문경읍 관음리 해발 1,600m의 조령산 속에서 은거하면서 고려와 조선도자의 신비를 캐기 위해 도예인 신정희申正熙씨(조령요鳥嶺窯 대표)는 생의 절반을 전통도예의 재현을 위하여 몸 바쳐 왔다.

조선왕조 서민들이 쓰던 소담한 질그릇 사발과 분청 백자를 재현, 일반에게 선보이는 신정희 전통도예전이 1979년 6월15일부터 22일까지 서울 롯데호텔 전시장에서 열렸다. 한국방송공사가 주최하고 조선일보사가 후원한 이 전람회는 해외동포 모국방문돕기 성금모금이라는 타이틀을 붙였지만 그보다도 임진왜란 후 대代가 끊긴 것으로 알았던 노란색 유약 사발과 연회練廻항아리 등을 재현한 신비한 기술이 4반세기를 흙에 바친 한 장인匠人의 집념을 볼 수 있었다는 점에서 큰 관심을 기울일 필요가 있다.

올해 49세의 도예가 신정희씨, 그는 생의 반생을 전승도예에 심혈을 경주해 왔지만 아는 사람은 그리 많지 않다. 거의 20여년을 전국 200여 개소의 옛 도요지를 답사하면서 태토와 유약을 연구하는 한편 경북 문경군 문경읍 관음리 해발 1,600m의 험준한 조령산 속에서 칩거하면서 고려와 조선도자의 신비를 캐는 데 몸 바쳐왔다. 1970년 차를 부으면 그릇 안에 반점斑點 같은 꽃이 피는 비취색 분청사발 재현에 성공했을 때도, 또 순식물성 유약에 의한 노란색 사발(우리나라 박물관에는 없고 일본에 단 한점이 국보로 지정되어 있음)을 발견해 냈을 때도 신문잡지의 한 토막 기사로 보도되었을 뿐 별다른 주목을 끌지 못했다. 등하불명燈下不明이랄까. 신정희씨의 외로운 작업은 일본도예전문가와 다인茶人들에 의해 빛을 보았고 격찬을 받았다.

1975년 이후 신씨는 일본에서 2회의 개인전과 4회의 초대전을 가져 일인日人들을 매료시켰고, 76년 도쿄 긴자 마츠자카야(東京銀座松坂屋)에서 가진 첫 초대전 때는 천황天皇의 계씨季氏이며 도예전문가로 저명한 타카노마츠미야(高松宮)의 찬사를 받았고, 77년에는 요미우리신문사讀賣新聞社 주최로 큐슈(九州) 9개 도시 순회전을 가지기도 했다. 신씨에 의하면 "조선조 서민대중이 쓰던 사발을 일인日人들은 모완慕碗이라 하여 가보家寶처럼 소중하게 여기고 있다. 우리 국민들은 밥그릇 정도로 알고 있지만 그들은 제가 만든 전승사발 앞에서 무릎을 꿇고 가락지를 뺀 두 손으로 들어올려 보배처럼 감상하더군요. 외국에서도 이처럼 귀중하게 여기거늘 우리나라에서는 고유의 질그릇, 조상의 얼과 생활의 멋이 깃들인 전통도기를 우리 국민에게도 그 귀중함을 알려주고 싶어 국내전을 열었다"고 말한다.

25년 만의 첫 개인전에 신씨는 사발류 40여 점과 전통백자를 재현 또는 응용한 항아리와 병瓶 30여 점 등 모두 70여 점을 선보였다. 도예 애호가들을 위해 고려와 조선자기의 형태와 기법을 전승하면서 민화 등의 새로운 문양을 가미시켜 전통미와 현대 감각을 조화시킨 작품도 출품했었다고 한다.

그러나 신씨의 기질을 알 수 있는 작품은 역시 밥그릇, 국그릇으로 사용되던 청자분청백자사발이다. 고려청백자가 지닌 귀족적인 조형과는 달리 고려말과 조선왕조 초기에 구워졌던 질그릇사발들은 거칠면서도 소박한 서민적인 아름다움이 담겨있고 허욕虛慾 없이 자연 속에서 빚은 도공의 솜씨에서 조상의 멋과 민족감정을 느낄 수 있다고 한다. 사발 중에서도 특히 분청백자와 노란색 유약의 사발은 300여 년 이상 끊겼던 불가사의한 비법을 재현시킨 신씨의 각고의 결정체로 각광을 받고 있다.

일인日人들은 신씨가 재현한 비파색 분청사발을 가리켜 '환상幻想의 그릇'이라고 했으며 노란색 사발은 국내의 전문가들을 경탄시킨 전승도예의 개가로 평가되고 있다. "221번의 실험을 거쳐 작년 5월에 구워냈는데 일본에 한 점 있는 국보와 같은 색깔입니다. 청자의 태토에 나무재에서 발견한 유약으로 장작가마에서 구워 냈지요"하고 신씨는 말한다.

노란색 찻잔과 함께 신씨가 재현해낸 또 하나의 개가는 연회練廻자기다. 이

흙에 생명을 불어넣으면 옥이 된다. 도자기는 그 옥을 탄생시키는 결과물이다. 불가마에서 막 꺼낸 찻사발을 하나하나 점검하고 있다. ⓒ 쿠와바라 시세이

것은 두 가지 또는 세 가지 태토를 손으로 비벼 올려 성형하여 빚어낸 자기로 태토의 성질과 유약의 영향에 따라 각기 다른 빛깔을 내는데 "오랜 경험과 영감에 의해 재현할 수 있었다"고 신씨는 말한다.

신씨가 전승도기에 일생을 바치겠다고 결심한 것은 18세 때 시인 김상옥金相沃씨가 준 청자조각에서 연유되었다고 한다. 그때부터 고려 중엽에서 조선왕조 말엽까지 700여 년 사이에 있었던 옛 도요지를 찾아 파편을 수집, 그것을 분석하여 태토의 원산지를 찾아내고 조상들이 쓰던 유약을 연구하고 가마의 구조를 재현하는 등 임진왜란 이전의 맥을 찾는데 20년의 청춘과 재산을 몽땅 쏟아 넣었다. 고려와 조선도자의 신비를 캐는데 소요된 보금자리 문경읍 관음리 조령산 속의 신씨의 요업 평생의 청춘을 불사른 애원愛怨의 땅, 감격의 땅, 사랑도 미움도 다 물거품 같이 사라진 곳. 4년 전 경남 양산군으로 조령요를 옮긴 후에도 팔기 위한 작품의 양적 유혹에 현혹당하지 않고 오로지 한국전통도기의 재현에만 힘쓰고 "한 점이라도 뛰어난 문화재를 남겨 세계에 우리 자기의 우수성을 알리고 싶다"는 게 유일한 신정희씨의 소망이라고 말한다. (『聞慶郡誌 증보판』, 1982, p 후 371~374)

한국보다는 일본에서 먼저 전시회하자고 요청

1970년대 들어 전통도자기 붐은 두 갈래 일어났다. 하나는 일본인을 중심으로 한 옛 사발과 청자 · 백자 · 분청사기 등의 재현품 구입 붐이었다. 또 한 갈래는 중반 이후 한국 국내에서의 다도茶道 붐이었다.

문경 관음리 꼭두바위에서의 옛 사발 제작은 순조롭게 진행됐다. 국내와 일본에서의 판매도 기대 이상이었다. 특히 일본 언론에 집중 소개되면서 가마로 직접 찾아오는 방문객이 더욱 늘어났고, 사발 가격도 점차 현실화됐다. 수출도 서서히 성과를 내기 시작했다.

이러한 조그마한 성공이 발판이 되어 일본에서 전시회를 열자는 제의가 들어오기 시작했다. 국내가 아니라 해외인 일본에서 먼저 붐을 탄 셈이다. 그동안 틈틈이 일본에서 재일교포들을 중심으로 한 전시회가 열리고는 있었지만 내가 직접 참석하거나 내 개인의 이름으로 열리는 초청전시회나 초대전시회 형식이 아니었다. 교포판매상이 판매증진을 목적으로 상품기획전시회를 하는 데 내 작품 코너를 별도로 여는 형식이었다. 1975년 9월20일 일본 오사카의 한국물산전韓國物産展은 그해 추석을 맞아 재일교포를 상대로 대규모 한국 상품전으로 기획됐는데 이때 한국의 전통 고려청자와 조선백자, 분청사발 등을 대규모로 수입, 전시하는 행사를 가졌다. 이때도 내가 만든 옛사발들이 다수 출품되었고 상당한 인기를 누렸다고 들었다. 이때 출품된 작품은 모두 문경 꼭두바위에서 만든 그동안의 작품을 모은 것이었다.

1976년 초, 통도사 가마가 완성되고 본격적으로 도자기 굽는 작업이 시작되면서 일본인들이 물밀 듯이 몰려들었다. 그리고 그들에 의한 초대전이 본격화됐다. 그해 5월7일부터 11일까지 도쿄 긴자 마츠자카야(銀座松坂屋) 백화점 미술화랑에서 개인초대전(신정희 작도전作陶展)이 열렸다. 이어 6월22일부터 1주일간 도쿄 미쓰코시(三越) 백화점 미술화랑 초대전이 열렸다. 이 초대전은 당시 조선사발 도예작가로서의 일본 전시회는 처음이었고, 이후 한국 도예가들의 일본 전시가 줄을 잇는 시발점이 되었다.

ⓒ 쿠와바라 시세이

일본에서는 그 당시 예술품을 전시하고 거래하는 작업을 백화점 미술화랑의 기획실이 전권을 휘두르고 있었다. 따라서 백화점 미술화랑에서의 개인초대전은 사실 쉽지 않은 상황이었다. 두 백화점 미술화랑에서의 전시회가 성공적으로 마무리되면서 일본 황실과 현지 언론에서의 관심이 더욱 뜨거워졌다.

1976년 7월16일, 일본 쇼와(昭和) 천황의 동생인 타카마츠노미야(高松宮, 1913~1985년) 전하의 초청을 받고 그가 살고 있는 궁으로 안

내되었다. 당시 그는 일본전통공예협회의 총재 등 사회활동을 활발하게 펼치고 있었는데 전통도예전문가이기도 했다. 협회 관계자 등 모두 5명과 1시간10분에 걸쳐 우리의 옛 사발 등에 대해 의견을 허심탄회하게 나누었다. 이 자리가 끝난 뒤 일본발명가협회장 자격으로 그 자리에 동석했던 우미노(海野) 회장이 나를 별도로 저녁 자리에 초대했다.

"아니, 신 선생. 어떻게 전하에게 직접 명함을 두 손으로 건네 올리지 않고 책상 위에다 딱하고 놓을 수 있는 거요?"

그는 경색된 얼굴 표정으로 나를 빤히 쳐다보면서 첫말을 이렇게 꺼냈다.

"내가 오늘 전하를 찾아간 것은 나 개인 신정희가 간 것이 아닙니다. 우리 조선도공이 간 것입니다. 일본에 도자기 기술을 전한 조선 도공들이 말입니다!"

그는 나의 오른손을 꽉 잡고서, 또 왼손으로는 내 가슴팍에 살며시 손을 갖다 댔다. 그리고는 큰 웃음을 지었다.

"과연, 이름 듣던 대로의 신 선생이군요. 그래요, 그런 배짱과 포부가 있었기에 그리 큰일을 해낼 수 있었겠지요."

그날 밤 나는 우미노 회장과 큰 조선사발에다 술을 따라 한껏 마셨다. 지금 생각해도 즐거운 일이었다.

이러한 나의 타카마츠노미야(高松宮) 전하 예방禮訪 소식은 일본의 신문과 라디오 등을 통해 보도되었고, 이날 이후 일본 언론들의 특집 보도기사가 잇따랐다.

이들 신문보도에는 '한국의 조선 도공 9대째 계승자' 라고 표현되고 있는데, 어떤 이유로 이런 표현이 나가게 됐는지는 알 수 없다. 이 표현이 그전부터 한국의 신문에도 실린 바 있는데 이 표현은 잘못된 것이다.

한국의 조선 도공 9대째 계승자인 도예작가 신정희申正熙씨(46,. 조령요鳥嶺窯, 경북 문경군 문경읍 관음리)는 16일 타카마츠노미야(高松宮) 전하를 1시간10분에 걸쳐 예방하고 고려청자와 조선백자 등 조선의 각종 찻사발의 역사적 고찰과 일본도자기와의 상호관련성 등에 대해 간담했다.

이 자리에는 일본도예작가도 참석했는데 신씨는 "고려와 조선시대로부터 만들어진 이도다완(井戸茶碗)과 미시마(三島), 고비키(粉引), 도도야 등의 찻사발은 고려다완이라는 이름으로 일본 모모야마(挑山)시대부터 '와비차'를 마실 때 애용되곤 했는데 어떤 것은 국보급 또는 보물급으로 남아 전해지고 있다. 한국은 중국과 더불어 세계 굴지의 도자생산국으로서 예부터 뛰어난 명품도자기를 생산해 왔으며 일본도예 발전에 기술적 영향을 끼치는 등 도자사 교류측면에서는 두 나라의 교류가 매우 깊었다"고 설명했다.

타카마츠노미야 전하도 한국 찻사발에 큰 흥미를 가지고 질감 등 여러 가지 분야에 대해 구체적인 질문을 했다.

신씨는 ▲고려 · 조선 찻사발은 소박하고 질박하면서도 어찌 보면 무심無心의 경지를 보이고 있고 ▲진사辰砂 철사鐵砂 등의 사발도 있으며 개중에는 청화안료로 그림을 그린 도자기 있고 ▲이도, 미시마, 고비키다완의 유약은 순식물성이며 청자는 태토에도, 유약에도 소량의 철분이 포함돼 있어 환원염소성을 하면 청자비취색 등이 나오고 ▲고려 텐모쿠(天目)는 고려 초기, 중국 송나라 때의 천목 도자기 기법을 받아들여 12세기 말과 13세기에 절정기를

도자기 작업은 의외로 많은 인원과 넓은 땅을 필요로 한다. 흙 준비부터 성형, 유약, 불때기 등 모든 작업을 혼자 하기란 어려우며 기능별로 주어진 역할이 달라지게 된다. ⓒ 쿠와바라 시세이

맞았다는 등 한국 도예인로서의 생각을 설명했다.

한국도예가가 타카마츠노미야 전하를 방문하고 고려도자 역사를 설명한 것은 이번 처음이다. (요미우리신문, 1976년 7월22일)

1977년 들어 요미우리신문이 직접 주최하는 일본 전국 9개 도시 순회전시 '신정희전'이 기획됐다. 이를 계기로 요미우리신문은 그해 8월1일부터 3일간에 걸쳐 나에 관한 특집시리즈를 박스기사로 연재했다. 78년에는 요미우리 주최, '일본명사명류작품전' 日本名士名流作品展에 특별 초대되었고, 이 때 한국의 인간문화재 격인 『일본명사명류록』日本名士名流錄에 등재되었다. 한국인으로서는 처음이라는 이야기를 전해 들었다.

1979년에는 일본 '주부主婦의 친구' 사가 주최하는 '한국전승문화전'에도 초대작가로 초청됐으며 동경의 도큐(東急) 백화점 미술화랑에서도 초대전이 열렸다. 이어 83년에는 마이니치신문 초대전, 87년 도큐백화점 미술화랑, 90년 도큐백화점 시부야(澁谷) 본점 미술화랑, 91년 일본NHK와 한국KBS가 공동주최한 일본 남부 3곳 한국특별도예전(후쿠오카, 오사카, 히로시마) 등으로 이어졌다. 이어 92년과 93년에는 일본의 지역민영TV방송국과 지역신문사들이 주최하는 초대전이 쿄토(京都), 나가사키(長崎), 야마구치(山口), 시모노세키(下關), 구마모토(熊本), 미토(水戶), 도쿠야마(德山), 히로시마(廣島), 기타큐슈(北九州) 등에서 연달아 이어졌다. 특히 93년 마이니치신문사가 주최한 한국도예전(오사카 한큐백화점)은 그야말로 대성황이었다. 94년에는 교토·히로시마·추부(中部) 3개 방송국이 공동 주최한 한국도예전이 나고야 메이테츠(名鐵) 미술관에서 열렸고 TV에 특별출연하기도 했다.

이어 ▲일본MBS방송국 초대전(95년) ▲긴자 마츠야(銀座松屋) 백화점 미술화랑 초대전(96년) ▲히로시마 미쓰코시 백화점 미술화랑 초대전(97년) ▲후쿠오카 이와다야 미술화랑 초대전(98년) ▲나고야 메이데츠 미술화랑 초대전(2002년) ▲후쿠오카 이와다야 미술화랑 초대전(2003년) 등으로 계속 이어졌다.

여기서 한 가지 알 수 있는 것은 처음에는 백화점 미술화랑의 주최로 주로 초대전이 기획됐지만, 곧 신문사와 TV방송국 등 각 언론사가 뛰어들어 언론사 주최 초대전이 주를 이루고 있다는 점이다. 특히 일본NHK의 초대전은 그야말로 대단한 일이었다고 자부한다. 전시회 기간 중에 NHK TV뉴스에서 짤막하게 이를 다룬 적이 있었는데 그 다음날 전시되고 있는 작품이 모두 동나버린 일도 있었다.

1980년부터는 차사발뿐만 아니라 내가 처음으로 분청기법을 이용하여 개발한 달 항아리는 고가임에도 불구하고 인기가 있었다. 특히 재미있는 것은 한국을 상징하기 위해서 항아리에 무궁화를 도안하여 제작한 무궁화 항아리에 대한 일본인들의 관심은 매우 높았다. 이에 한때 '무궁화 항아리 작가' 라는 별칭이 붙기도 했다.

일본에 이어 미국전시회도 추진됐다. 87년 동아일보의 미국지사인 미주동아 주최로 뉴욕초대전이 열렸고, 여기에서의 성공을 계기로

88년 뉴욕, 보스턴, LA 등 각 지역별 순회초대전이 계속됐다. 또 95년에는 하와이 동서문화센터 초대전이 열리기도 했다.

여기서 한 가지 밝히고 싶은 것은 나는 그 동안 전시회에 참석하더라도 어디서 반드시 초대를 하는 경우에 한했다는 점이다. 그래서 국내보다는 해외를 자주 나가게 되었고 상대적으로 국내는 소홀하게 비쳐보였다.

부처님은 무문자설無問自說, 즉 남이 묻지 않는데 스스로 말하는 것을 삼갔다. 6년간의 온갖 고행 끝에 보리수나무 밑에 앉아 7일간의 정진으로 큰 깨달음은 얻은 부처님은 초기에는 무문자설을 행하기도 했고自說經, 한때는 스스로 감흥에 겨워 가르침을 설하기도 했지만 그런 몇 번의 예외를 제외한다면 언제나 묻는 경우에만 설법을 행했다. 금강경金剛經은 제자 수보리須菩提가 질문을 던짐으로써 시작되고 있고, 법화경法華經은 아난阿難의 질문에 대한 답변이다. 부처님은 자기 스스로 설법단을 만들지 않았다는 이야기이다. 다시 말해 자기 스스로 돗자리를 펴지 않았던 것이다.

"내가 할 말이 있으니 너희들은 와서 들어라"가 아니고 "너희가 필요하다고 하니 내가 그것에 대해 말하겠노라"는 자세였다. 이는 어찌 생각하면 부처님이 매우 도도한 것은 아니었느냐고 생각할 수도 있지만, 사실은 부처님이 걱정한 것이 설법의 순수성이었다고 한다. 내가 뭔가를 말하겠다는 것 자체가 이미 '욕심'慾心이고 '의도'意圖인 것이다. 무無의 경지에서 남에게 가르치려면 나 자신부터가 우선 무로 돌아가야 한다는 것이었다. 부처님은 그만큼 자기성찰에 철두철미했던 분이었다.

나는 그렇게 생각하고, 의도했던 것은 아니었지만 어찌됐던 결과는 일본인들의 요청에 의해 응해주는 초대전시회로 일관해 왔던 것만은 사실이다. 물론 여기에는 중간에서 다리를 놓거나, 중재하는 등의 일을 한 많은 분들이 있었기 때문에 가능한 일이었다.

"1억엔 줄 테니 도자기 판매권을 모두 넘기시오"

한국 언론에서의 관심도 1970년대 초반부터 서서히 일기 시작했다. 1972년 9월9일 부산일보는 '장인' 匠人라는 제목으로 집중 조명했다. 이어 중앙과 지방의 각 신문은 물론 TV방송국의 취재대상이 되었고, 이런 인연은 언론사 주최 초대전으로 자연스럽게 진행됐다.

79년 6월15일부터 1주일간 서울 롯데호텔 특별전시장에서는 한국방송공사(KBS)가 주최하고 조선일보사가 후원하는 '신정희 전통도예전' 이 열렸는데 이 행사는 해외동포 모국방문돕기 성금모금을 위한 기획전이었다. 이 전시회에 사발 40여 점과 항아리류 30점 등을 전시했다. 이것이 사실은 나의 첫 국내전시회였다. 80년에는 KBS 부산총국이 주최하는 '신정희 초대전' 이 부산 로타리 전시관에서 열렸다.

81년에는 운보 김기창雲甫 金基昶씨를 비롯한 이당 김은호以堂 金殷鎬 화백의 문하로 구성된 후소회後素會 회원들과의 '도예 · 동양화 9인 합작전' 이 6월3일부터 8일까지 롯데화랑에서 열렸다.

나는 이때 적잖은 충격을 받았다. 내가 몇 개월 동안 혼신의 힘을 다해 준비한 도자기에 그 화가들은 단 30분 만에 그림을 그려 넣었던 것이다. 옛날에는 변수邊首 밑에 화공畵工이 속해 있었지만 오늘날에

ⓒ 쿠와바라 시세이

는 화공은 동양화가가 되어 있고, 사기장은 그릇장이로 남아 있다는 현실에 참으로 마음 아팠다.

1982년 들어 그동안 틈틈이 가마를 찾아오곤 했던 지인들로부터 부산경로병원이 동구 수정동의 양수장 건물을 빌려 쓰고 있는데 이사를 해야만 된다는 딱한 이야기를 듣고 작품을 기부하겠다고 약속했다. 이에 따라 그해 7월5일부터 10일까지 부산 광복동 로타리 전시관에서 경로병원 건립비용을 마련하기 위한 '신정희 도예전시회'가 열렸다. 이 전시회에 사발 50점, 항아리 등 80점, 다기세트 30점 등을 기부했다. 나중에 주최 측으로부터 들은 이야기로는 약 2억 원 넘는 수익을 올려 경로병원을 무사히 신축 건립하는데 큰 도움이 됐다고 전해 들었다.

이때도 작은 해프닝이 있었다. 재일교포 배 모씨가 나를 비난하는 인쇄물을 화랑과 언론기관 등에 뿌린 것이다. 개인전시회라면 참을 수도 있었지만 이때의 전시회는 노인들을 무료로 치료해주는 경로병원 이전 건립기금 마련을 위한 전시회였던 만큼 도저히 참을 수가 없었다. 당사자를 경찰에 고소했고, 그는 출판물에 의한 명예훼손 혐의로 법정 구속되었다. 그는 2년간의 집행유예 처분을 받았고 그 얼마 뒤 보석으로 풀려난 것으로 알고 있다. 그는 76년부터 내 작품의 일본 내 판매권을 갖고 있었는데 관리에 문제가 있어 내가 계약해지를 통보하자 앙심을 품고 나에 대한 비난과 험담을 적은 글을 뿌렸던 것이다. 법정 재판결과, 그가 작성하여 뿌렸던 모든 내용이 허위로 밝혀졌다. 이 내용은 부산일보 8월10일자에 크게 보도되기도 했다.

1995년 KBS 개국 60주년을 기념하는 부산총국 주최 '신정희 도예전' 이 부산KBS홀에서 열렸고 이어 97년에는 KBS창원방송총국 주최로 개국 55주년기념 초대전이 열리기도 했다. 2002년 7월27일부터 8월11일까지 서울 종로구 불일미술관에서 '작도作陶 50년 기념 전시전' 을 갖기도 했다.

국내에서의 활동은 전시회보다는 주로 신문과 TV방송 등 미디어를 통해 이뤄졌다. 또 수많은 국내외 인사들과의 교류 등을 통해 자연스럽게 이뤄졌다. 1989년 10월 로마교황 바오로 2세가 제44차 세계성체대회장 자격으로 방한했을 때 내가 만든 도자기 항아리에 'Peace' 라는 글귀를 남기기도 했고, 세계적 인류학자인 레비스트로스 교수도 81년 10월 가마를 방문하여 대화를 나누기도 했다. 특히 1986년 서울아시안게임과 88년의 서울올림픽 때는 한국전통문화를 세계에 알린다는 차원에서 TV방송국의 집중적으로 특집다큐멘터리가 제작, 방영되기도 했다.

1970년대 중반 들어 국내에서도 대단한 다도茶道 붐이 일어났다. 그때까지만 일반인들에게는 차가 생소한 것이었고 다기茶器니, 다도

구茶道具라는 말조차 낯설 때였다.

고도 성장기를 맞아 생활의 여유가 생겨나고 건강에 관심이 쏠리면서 차를 마시는 풍조가 급격히 확산됐다. 바람직한 일이었다. 곳곳에서 다도회나 다인회 등의 모임이 생겨났다. 이때 나도 부산지역의 다도 붐 조성에 한몫을 했다고 자부한다.

하지만 여전히 우리나라 사람들의 옛 사발이나 다기茶器에 대한 관심은 일본인에 비하면 떨어졌다. 우리 것임에도 불구하고 우리가 우리 것을 스스로 무시하고 낮게 평가하는 이유를 알 수 없었다.

1979년 봄, 고향 형뻘인 임효도씨가 급히 좀 만나자는 연락이 왔다. 나가 보니 정말 의외의 일이 벌어져 있었다. 일본 최대재벌인 미쓰이(三井)그룹의 상사商社맨들이 나와 있었다. 그들은 여러 가지 자료를 펼쳐놓고는 먼저 조건을 제시하겠다고 말했다.

"신 선생께서 만드는 모든 도자기 작품에 대한 판매권리를 우리에게 넘겨 주십시오. 그 작품들은 전량 우리가 일본에서 판매하게 될 것입니다. 계약금으로 우선 1억엔을 드리고, 앞으로 한 가마를 구울 때마다 300만 엔씩을 드리겠습니다."

그야말로 놀라운 일이었다. 이 조건보다 더 좋은 조건이 있을 수가 없었다. 고민하지 않을 수 없었다. 하지만 나는 결국 손을 내저었다. 조건 중에 한국에서의 판매권도 그들에게 귀속되는 것은 물론이고, 내가 개인적으로 선물을 하려고 해도 그들에게서 사서 해야 한다는 조건 때문이었다.

그것은 정말 받아들이기 힘들었다. 내가 도자기를 하는 것은 만드는 재미와 함께 친한 사람들에게 전해주는 기쁨이 있기 때문이다. 이 계약대로 라면 나는 돈의 노예로 전락하는 게 아닌가. 도저히 받아들일 수 없었다.

그날 밤늦게 집에 들어가자 집사람은 벌써 그 이야기를 어디서 들었던지 잔뜩 얼굴이 부어있었다. 하지만 나는 모른 체 했다.

일본인들의 조선 옛 사발과 차사발에 대한 관심은 그만큼 대단했다. 심지어 가마를 찾아오거나, 전시회에서 작품을 볼 때는 그야말로 정중한 자세를 보였다. 심지어는 두 무릎을 꿇고서 손가락의 반지를 뺀 채 두 손으로 곱게 들어올려 그야말로 보배를 다루듯이 감상하는 이들도 적지 않았다. 나로서는 가장 큰 보람을 느낄 때가 바로 이런 때이다.

또 내가 빚은 사발을 잘 사용하여 그릇 빛깔이 은은하고도 고요한 색채를 나타낼 때 나는 그에게 무척 고마움을 느낀다. 사실 가장 좋은 도자기는 선조나 자신의 부모 등 가족들이 쓰던 것을 이어받아 계

ⓒ 쿠와바라 시세이

속 쓰는 것이다. 그래야 빛깔이, 또 멋과 맛이 제대로 배어나온다. 쓰지 않는 그릇은 죽은 그릇이다. 아무리 좋은 보물도 감춰놓고 구경만 하면 결코 보물이 될 수 없다.

사기장들은 그래서 만들어진 도자기를 고객에게 넘길 때 '판다' 고 하지 않고 '시집 보낸다' 고 말한다. 그만큼 자신의 작품에 대해, 작업에 대해 애정을 갖고 있는 것이다. 이러한 자신의 분신을 고이 봐주고, 예쁘게 사용하면서 아끼는 모습을 보면 절로 흥이 나고 고마움이 흘러넘치게 된다. 특히 전시회 등을 통해 자신이 원하는 제값을 받고 고객에게 넘기게 될 때, 그때야말로 제대로 딸자식을 '시집을 보내는 것' 과 같은 심정이다.

도자기는 3분의 1은 사기장이 만들고, 3분의 1은 가마가 만들며, 나머지 3분의 1은 소장한 사람이 만들어 간다. 차사발의 경우 흔히 차심茶心이 깃든다고 하는데 이는 그 그릇을 소장한 사람이 그것을 사용하면서 거기에 아름다움을 비로소 완성시켜 나간 결과이다. 그게 바로 진정한 사발의 아름다움이다.

사기장이 빚은 도자기는 곧 자신의 얼굴이다, 따라서 그 자신의 얼굴을 갖고 있는 사람들은 또한 자신의 가족들이기도 하다. 그래서 나는 내 그릇을 '작품' 이라고 말하지 않는다. 내 혼이 담긴 바로 나 자신이기 때문이다. 단지 '우리 그릇' '우리 사발' 이라고 말한다. '작가' 라는 말도 싫다. 나는 '도공' 陶工, 즉 사기장일 뿐이다. 사기장은 누가, 또 남이 만들어주는 것이 아니다. 숱한 세월 속에 연구하고, 굽고, 태우고, 채워서 자기 스스로의 노력으로 만들어가는 외롭고 힘든 과정일 뿐이다. 사기장이 만드는 그릇은 기술로 만드는 것이 아니라 마음으로 빚어야 한다. 따라서 불을 땔 때는 절대로 교만해서는 안되며, 아주 신성하고 엄숙한 마음으로 불과 얼굴을 마주해야 한다.

03

혼魂의 노래

생生은 흙에서 시작됐다.

삶은 흙으로 완성됐다.

기나긴 세월이 흘렀다.

나는 이제 다시 흙으로 돌아갈 것이다.

옛 사발은 해질녘 다정히 걸어가는 노부부의 멋

나는 누구에게나 떳떳하게 말한다. “나는 오륙백 년 전에 사라진 우리 사발을 만드는 사람이며, 이것이야말로 내 종교”라고.

불과 30, 40년 전만해도 우리나라 사람들은 내가 만든 옛 사발을 거저 공짜로 줘도 안 가져갔다. 쳐다보지도 않았다. 무슨 사약그릇이니, 귀신 나오는 그릇 같다고 비아냥거렸다.

나는 이러한 그릇들은 단양 방곡과 문경새재에서 만들었다. 또 양산 통도사 가마에서 지금도 굽고 있다. 내가 꼭 우리 것을 재현해 보고 말겠다는 한 가지 생각으로 만든 것이 결국은 성공했고, 나아가 나의 종교가 되고 말았다. 나에게는 선생도 없었다. 선생이라고 하면 오륙백 년 전의 우리 사기장들이 내 선생이었다.

우리 사발과 우리 옛 그릇은 그야말로 소박하다. 여기에 우리 민족의 얼이 담겨 있다. 우리 민족성하고 같다. 우리 사발은 보이지 않는 멋과 맛을 간직하고 있다. 중국과 일본의 화려한 채색 도자기가 젊은 청춘남녀라면, 우리 그릇은 해질 녘 석양 아래 다정하게 걸어가는 노부부의 멋과 맛을 지니고 있다. 완숙의 경지이며 더 이상 말로 표현하기 어려운 미美의 극치이다.

중국의 한 학자는 우리의 옛 도자기를 이렇게 평하기도 했다. 정말 그럴듯한 표현이고, 예리한 관찰이다.

"조선의 도자기에는 실패의 미학이 있다. 완벽하지 않은데 실패가 가미되어서 오히려 도자기를 더욱 아름답게 만들어준다. 실패의 미, 여백의 미, 그것이 한국 도자기의 멋이다."

어찌 됐던 우리 사발과 우리 옛 그릇은 우리밖에 못 만드는, 바로 우리 것이다. 소박한 서민들의 생활과 한이 서린 이 문화재를 우리 말고 누가 만들 수 있겠는가.

생각은 씨앗이다. 씨앗이 좋아야 좋은 열매가 맺히는 법이다. 또 그 열매가 맺혀 전통으로 자리 잡고, 그것이 한 시대의 획으로서 자리 잡으려면 수많은 사람들의 노력이 필요하다. 선각자의 의지意志와 혜지慧智도 있어야 하고, 그것이 일반적이고 보편화되기 위해서는 그 시대 사람들의 인식과 협조도 필요하다. 문화는 이러한 과정을 거쳐 전개되고, 계속 발전하며 사람들의 삶 속에 투영되게 마련이다. 문화적 영속성은 과거로부터의 이어짐이 전제가 된다. 이것을 이어주는

"내 종교는 도자기다." 나는 도자기 하나로 살아왔고 그것밖에 모른다. 도자기는 곧 나의 모든 것이다.
ⓒ 쿠와바라 시세이

키가 바로 선각자의 몫이다. 특히 잊혀지고 없어져 버린 문화를 찾아내 다시 재현한다는 것은 굉장히 어렵고도, 외로운 작업이다. 누가 알아주지도 않으려니와 왜 그런 짓을 꼭 해야 하느냐는 비난을 듣기 십상이다. 그럼에도 불구하고 누군가는 그런 일을 해내야만 한다. 그렇지 않다면 그 문화는 영원히 사라져 버리기 때문이다. 여기에는 생애를 건 활화산 같은 집념과 악착같은 의지가 있어야 한다. 그리하여 전통문화가 하나둘 재현되고, 그러한 '되살림 작업'을 통해 면면히 이어져 내려오게 된다.

전통이란 실로 중요하다. 한 민족의 생활양식과 관련된 것으로 긴 세월을 거쳐 축적되고, 정화된 하나의 고유 행위이자 습관이며 나아가 어떤 형식과 양식으로 나타나게 된다. 특히 언어는 고유문화의 핵심이랄 수 있다. 말이 없으면 그 나라의 문화도 독립적으로 존재하기 힘들다. 언어 외의 다른 고유문화도 언어만큼은 민감하지는 않지만 역시 그 나라와 민족의 고유성을 드러내고, 지칭하는데 무엇보다 중요한 역할을 한다.

전통은 단순히 한 순간, 한 기간 머무는 것이 아니라 흘러가며, 또 흘러오는 무형의 자산이다. 따라서 변화는 서서히 이뤄지지만 그 사용은 긴 세월을 두고 길어진다. 오히려 급격한 변화는 천박하여 외면당할 수 있고, 원형과 전형에 대한 애착은 더욱 뿌리가 깊어진다.

사기장이란 직업은 흙을 가지고 옥玉을 만드는 작업이다. 돈은 종이라 썩게 마련이고, 권력은 찰나이다. 그러나 우리 사기장이 빚은 그릇은 우리의 손자孫子의 손자가 대를 이어가며 그 옛날 우리 할아버지가 만든 것이라며 손으로 만져보고 느낄 수 있다.

우리의 그릇, 우리 사발이 중요한 이유가 바로 여기에 있다. 나는 사기장의 후예이다. 그래서 어떠한 때에도 급급해 하거나 마음 졸이지 않는다. 옛 사발을 만드는 일이 나의 종교인 만큼 언제나 구도자求道者의 자세로 흙을 빚고, 내가 만든 유약을 바르고, 장작불을 지피면서 천지인天地人의 조화를 늘 마음을 모을 뿐이다.

숱한 세월이 흘렀다. 오로지 옛 사발을 재현해 보겠다는 욕심 하나로 시작한 이 일이 내 인생의 전부였고, 이제는 관조觀照하는 마음으로 지난 세월을 뒤돌아보게 되었다. 모자람과 아쉬움이 없을 수야 없다. 그렇지만 내 주장대로, 내 뜻대로 살아온 사기장의 길에 대해 후회는 없다. 지난날의 그 아팠던 기억과 절망의 순간, 그리고 환희의 장면 모두가 나의 소중한 경험이었다. 그러한 경험이 있었기에 나는 실패하지 않은, 그리고 후회하지 않는 사기장의 삶을 살아왔는지도 모른다.

내가 특히 고맙게 생각하는 부분이 있다. 바로 나의 제자弟子들이다. 내 작도作陶의 길과 혼을 그대로 이어가고 있는 그들이다. 남들은 이를 두고 '신정희 도맥'申正熙 陶脈이라 부르기도 한다. 그동안 내 곁에서, 또는 나와 함께 손을 맞추고, 머리를 맞대며 땀과 눈물의 밥을 같이 한 도반道伴들은 수없이 많다. 하지만 나는 3년 이상 슬픔과 기쁨을 같이 했고, 또 나의 도자기 정신과 철학을 그대로 이어받았다고 생각되는 사람을 진정한 나의 제자라고 생각한다. 거기에는 내 아들들도 예외가 아니다. 5년, 또는 10년 이상을 같이 지내왔고, 그들이 떠나 별도의 도요陶窯를 운영하고 있지만 내가 제자라고 생각하지

사람도 결코 적지 않다.

흔히들 씨앗이 없으면 싹이 틀 수 없다고 믿고 있다. 우리가 자주 인연因緣이란 말을 들먹이곤 하는데, 이 때의 인因은 직접적 원인이고 연緣은 흙과 물, 기후 등의 제반조건인 간접적 원인이다. 물론 인因이 연緣을 만나야 과果가 비로소 성립된다. 연緣을 만나지 못하는 한, 씨앗은 언제나 씨앗 자체로만 머무를 수밖에 없다. 여기서 '씨앗이 없으면 싹이 트지 않는다.'는 논리는 씨앗과 싹의 시간적 전후관계만 따져 본 것이다. 씨앗만 있다고 싹이 트는 것은 아니다. 연緣에 해당하는 여러 가지 물과 흙, 기후 등의 주변요소가 맞아떨어져야 하는 것이다. 스승과 제자의 길 또한 마찬가지다.

스승과 제자 사이에는 상호의존성이 있어야 한다. '저것이 있을 때 이것이 있고, 저것이 없을 때 이것 또한 없다.'는 단순한 시간적 인과관계여서는 안 된다. 그것은 '저것이 있을 때 이것이 있고 이것이 있을 때 저것 또한 있으며, 따라서 저것이 없을 때 이것이 없고 이것이 없을 때 저것 또한 없다.'는 이것과 저것이 서로 의지하고 있어야 한다.

『노경』에서는 이를 갈대묶음으로 비유했다. "세 개의 갈대가 땅에 서려고 할 때 서로 의지하여야 되는 것과 같다. 만일 그 하나를 버려도 둘은 서지 못하고, 또한 둘을 버려도 하나는 서지 못하듯이 서로 의지하여야 서게 된다."

내가 생각하는 스승과 제자 사이는 바로 이와 같다. 인연因緣과 상호의존相互依存의 관계이다. 이런 생각에서 그동안 제자가 되겠다고, 또는 옛 사발을 배워보겠다고 찾아오는 사람들은 대부분 거둬들였

© 쿠와바라 시세이

다. 그들이 스스로 찾아와 무릎을 꿇고 앉으면 그것으로 충분했다. 사실 경제적으로 어려웠던 시절, 아니 지금도 수명의 제자들을 둔다는 것은 쉽지 않다. 그들의 생활비를 충당하는 일이 쉽지 만은 않은 일이다.

하지만 나는 지난날 내가 해보고 싶어서 미친 듯이 뛰어다녔던 길과 그 험난했던 과정을 알고 있기에 그들을 결코 뿌리치거나, 저버리지 않았다. 그들이 오히려 빨리 배우고 익혀서 한 명의 제대로 된 사기장이 되기를 기원하고, 지원했을 따름이다. 그들이 어느 날 독립하여 별도의 도가陶家를 이뤄나갈 때는 내가 더 기뻐했다,

한 명의 제대로 제자가 탄생하다는 것은 실로 어려운 일이다. 스승과 제자 모두가 진실한 마음으로 대하고 노력한 결과가 아니면 불가능하다. 그런 점에서 새로운 제자 도예가가 한명 탄생하는 것은 그야말로 줄탁동시茁啄同時나 마찬가지다. 병아리가 알을 깨고 나오려면 그 연약한 부리로 계란 껍데기를 마구 쪼아대야 한다. 이 때 어미 닭은 이를 눈치 채고 알 밖에서 단단한 부리로 그 계란을 쪼아주는 것이다. 새 생명의 병아리는 이러한 과정을 통해 비로소 햇빛을 보게

된다.

나에게는 20여 명의 제자가 있다. 아들 4명을 포함해서이다. 아들 외에 친인척이라 할 수 있는 4명이 있고, 혈연의 연줄 없이 오직 도자기로 맺어진 12명의 제자들이 있다. 하지만 이들 모두가 나에게는 똑같다. 아들이나 친인척이라 하여 별도로 다루거나 관리할 일도 없고, 남이라 하여 내 가족처럼 대하지 않은 때도 없었다. 모두가 나와 함께 도자기를 연구하고, 공부하며 새로운 세상을 개척해 나가는 동반자일 뿐이다.

아들로는 큰아들인 한균翰均과 둘째 용균容均, 셋째 경균京均, 넷째 아들 봉균奉均이 있다. 장남은 신정희요를 맡으면서 내 도맥陶脈을 관리하고 있고, 다른 3명도 각각의 가마를 운영하고 있다. 둘째는 왕방요, 셋째는 장안요, 막내는 지랑요를 이끌고 있다.

친인척으로는 처남인 이경효李卿孝가 토곡요를. 조카사위인 정재효鄭再孝가 조일요를, 또 이종조카인 윤창기尹倉基가 창산요를 각각 운영하며 나의 도자세계를 이어받고 있다. 10년째 문하생인 장상철張相哲 군도 큰아들의 처남이다.

도자기를 꼭 배우겠다는 일심一心으로 찾아와 스승과 제자의 연을 맺은 사람은 수없이 많다. 적게는 몇 개월에서 많게는 10년 이상을 함께하기도 했다. 이들 중에는 일손을 도우는 차원에서 끝난 부류도 있고, 자신의 계획대로 꿈을 이룬 이들도 있다. 모두가 자기하기 나름이었지만 안타깝고 아쉬운 일들이 더 많았던 듯 하다.

김성철金聖哲(산내요)과 최현대崔峴大(일월요), 김춘헌金春憲(언양도예), 이경훈李炅勳(이경훈도예), 김용섭金容燮(백운도예)이 한 명의 작가 반열에

서서 도예계에 이름을 올리고 있다. 이들과는 순수한 스승과 제자의 사이였기에 월급 등의 돈은 없었고, 단지 얼마씩의 용돈을 줬을 뿐이다.

또 김원열金源烈군과 불제자의 길을 가다 나의 제자가 된 이충우李忠祐 군이 문하생으로 내 도맥을 이어갈 준비를 하고 있다.

물론 이들 외에도 숙식을 같이하면서 머리를 맞댔던 많은 사람들이 있다. 처남인 이단효는 일찍 나와 일했으나 얼마 후 농사일로 돌아갔고, 한때 나를 도왔던 박기선, 서광윤, 주월호 등도 하산 후 가마를 운영하고 있다.

제자와 관련하여 한 가지 예외라면 예외가 있다. 일본인들이 찾아와 제자가 되기를 원했을 때는 이야기가 달랐다. 그들 중의 몇몇은 무릎을 꿇고 앉아 제발 제자가 되게 해 달라고 빌기도 했다. 심지어는 숙식은 자기들이 알아서 할 테니 잡일이라도 시켜달라는 측들도 있었다. 하지만 나는 이들에 대해 언제나 늘 싸늘하게 거절했다. 지난 500여 년간 우리 것을 잃어버린 것만 해도 한스러운데 그들에게 또다시 우리 것을 전해줄 수 없다는 생각에서였다.

먼저 사람이 돼야 하고, 사무치고 절절해야 한다

제자들에게 가장 먼저 강조하는 것은 '사람이 되라' 라는 것이다. 그릇은 절대 거짓말을 안 한다. 만드는 사람이 욕심을 부리고 거짓말을 할 뿐이지, 만들어진 그릇은 그 만든 사람의 모든 것을 그대로 비쳐보이게 마련이다. 그야말로 무아無我와 무심無心의 경지가 돼야 한다.

옛 사발이 다도茶道의 도구 등으로도 많이 쓰이면서 전통도예작업

사발 하나 빚는 것이 뭐 그리 어렵냐고 말하겠지만 연구하고 또 연구하지 않으면 깨달음에 다가갈 수 없는 것이 도자기 세계다. ⓒ 쿠와바라 시세이

은 흔히 불교와도 깊은 인연을 맺고 있다. 최근 들어서는 천주교와 기독교에서도 다도茶道에 열심인 것으로 알고 있지만 전통문화라는 점에서 불교용어가 흔히 쓰이는 것이 사실이다.

불교의 교리 전반에 대해서는 내가 잘 알지 못한다. 다만 그간 수많은 스님 또는 보살 등 사부대중四部大衆으로부터 듣고 배운 바에 따르면 불교를 이해하는데 있어 가장 중요한 세 가지가 바로 무상無常과 고苦, 무아無我라고 한다. 하지만 이 셋은 간단하면서 복잡하다. 인간은 자아自我 때문에 항상 괴로움을 당하게 되고, 그 때문에 늘 무엇이 되려고 애쓴다. 그러므로 그 자아를 약화시켜야 한다. 나아가 자아를 없애, 다시 말해 아집我執을 없애 무아가 되기 위해서는 무상과 고를 골수에 박히도록 생각해야 한다. 무아라고 하면 사람들은 대개 무아지경無我之境을 떠올린다. 어떤 일에 몰두하느라 자기의식을 잊는 경우를 말하는데, 이는 엄밀하게 말하면 망아忘我일 뿐이다. 무아는 망아와는 다르다. 망아는 나를 잊는 것으로, 얼마의 시간이 흐르고 나면 다시 자아를 회복하게 된다. 하지만 무아는 나를 잊기는커녕 나를 다른 때보다도 더 분명하게 인식하는 상태에서 나를 바로 바라볼 수 있게 된다. 그것은 마치 샘물의 근원을 바라보는 것과 같다. 아직 물이 솟기 이전의 샘이다. 물이 솟아나기 전이라면 샘물이라고 말할 수 없다. 하지만 그것은 물이 솟고 있는 때보다 더 맑고 투명한 물이다.

이와 같이 도자기를 만드는 사기장의 마음에도 어떤 '사무침'과 '절절함'이 있어야 한다. 절절함과 사무침이 있어야만 그 어떤 고난도 헤치고 나갈 수 있는 초인적인 힘이 생긴다. 머릿속에서의 생각이

나 이론만으로는 결코 경지를 이룰 수 없다. 그래가지고는 우선 '사람' 자체도 될 수 없다.

검도劍道라는 말이 있는가 하면 검술劍術이란 말도 있다, 검술은 칼을 쓰는 기술을 말하지만, 검도는 칼 쓰는 기술뿐만 아니라 오히려 칼을 쓰는 일 자체의 진수眞髓를 일컫는다고 할 수 있다. 칼은 왜 있으며, 칼은 왜 써야 하는지와 칼을 쓸 때는 언제, 어떻게 써야하는지 등 검도의 기본정신을 알아야만 비로소 칼 쓰는 법을 전수傳受받았다고 할 수 있다.

완당 김정희阮堂 金正喜 선생은 이렇게 말했다.

"난초를 그림에 있어 법이 있다는 말도 안 될 말이지만, 법이 없다는 것도 또한 안 될 말이다."

그렇다. 모든 도道에는 뜻과 마음과 사상과 인격의 근본이 깃들어 있어야 한다. 거기에는 반드시 어떠한 법과 기술을 알지 않으면 안 된다는 이론은 없다. 하지만 결코 법과 기술을 무시해도 된다는 말은 더더욱 아니다. 오히려 그 속에 깃든 뜻과 사상을 여실히 잘 나타내어 남에게 그대로 전하기 위한 필요 때문에 법과 기술을 아는 진정한 도를 이루기 위해서도 표현기술은 꼭 필요하다고 할 것이다. 나아가 온갖 이론과 방법을 알았다할지라도 자기 스스로 백 천만 번의 수련을 쌓지 않으면 도는 절대 이뤄지지 않는다.

내가 제자들에게 언제나 원하는 바가 이와 같은 자세이다. 이러한 기본자세 위에 반드시 해내고 말겠다는 의지와 노력이 곁들여져야 한다. 고집이 세지만 하나를 시작하면 무섭게 파고드는 '고삐 풀린 불소' 와도 같은 의지가 있어야 한다. 어느 정도의 고통과 어려움은 짜증을 내지 않고 견뎌낼 수 있는 불굴의 정신력도 있어야 한다.

내가 제자들에게 말하는 바는 간단명료하다. 직관直觀으로 관찰하고 가슴으로 읽어내라는 것이다. 옛 사발은 머리로 만들 수 있는 것이 아니다. 옛 선조들과 마음으로 통해야 하며, 그런 애틋한 마음을 가져야만 한다는 것이다.

내가 그들에게 이론으로 무엇을 가르쳐줄 것은 아무 것도 없다. 오히려 그들이 나보다 훨씬 앞서있다. 그래서 나는 단 한마디만 한다.

"내 기氣를 빼앗아 가라"고.

중국 당나라 때의 유명한 고승인 대주 혜해大珠慧海 스님에 얽힌 이야기가 있다. 어느 날 원율사源律師라는 스님이 혜해 큰 스님에게 물었다.

"큰 스님도 도을 닦기 위해 노력하십니까?"

"그럼, 배고프면 밥 먹고 피곤하면 잔다네."

"그거야 모든 사람들이 다 하는 일 아닙니까? 그렇다면 그 사람들도 큰 스님처럼 매일 도를 닦고 있다고 해야겠군요."

"그렇지 않네."

"왜 입니까?"

"그 사람들은 밥 먹을 때 밥은 먹지 않고 머리나 굴리고, 잠잘 때는 잠자지 않고 온갖 것을 꾸미고 있지. 그게 나와 다른 까닭이지."

도자기는 결코 손가락만으로 배워서는 안 되는 작업이다. 작업실에 앉아서 손가락으로 어떤 기교를 부리는 데만 열중해서는 아무런 것도 할 수 없다. 그릇은 기氣로 모으는 것이지, 손가락으로 만드는 것이 아니다. 기로 만들어야만 '소박함'이 배어 나온다. 또 그래야만 '정밀한' 그릇이 탄생한다.

소박하되, 정밀하게 만들어라. 다소 모순처럼 느껴지기도 하겠지만 마음이 닿지 않으면 일을 이룰 수 없고, 마음을 모으지 않으면 일을 성취할 수 없는 법이다. 더구나 우리 옛 조상들의 그 소박하고 순박한 그릇을 만들어 내는 일이 섣부른 마음과 건성의 마음으로 이뤄질 수 있겠는가.

ⓒ 쿠와바라 시세이

나는 그래서 제자들을 항상 산으로 내몬다. 산에 가서 직접 옛날 그릇들의 파편인 사금파리를 주워보고, 연구하라는 이유에서 이다. 그 산에 있는 사금파리는 곧 그 산의 흙을 가져다 쓴 것이고, 그 지역의 나무를 썼을 것이다. 이들을 쪼개보고 분석하다 보면 흙을 알게 되고, 유약을 알게 된다. 흙으로 성형하고, 거기에 유약을 발라 불을 떼면 도자기가 된다.

사기장은 언제나 흙내음에 젖어 살아야 한다. 흙에서 그야말로 고소함을 느낄 수 있어야 한다. 그렇지 않고서는 결코 흙다운 흙을 가져다 쓸 수 없다. 이 산 저 산의 흙이 다 같은 듯하지만 흙들은 다들 제각각의 때깔과 맛을 갖고 있다. 그것을 살릴 줄 알아야 한다. 옛날 선조들이 직접 파다 쓴 그 흙을 알아내지 못하면 바로 그 도자기는 어떠한 방법으로도 재현할 수 없다. 눈이 아니라 마음으로 보고, 기교가 아니라 정신으로 이를 볼 수 있어야 한다. 헬리콥터를 타고 산 정상에 내린 사람과 한 걸음씩 걸어서 산꼭대기에 오른 사람이 걸어온 길은 전혀 다르다. 산의 정상에는 두 사람이 똑 같이 서 있겠지만, 산 아래를 쳐다보는 눈길과 마음씀씀이는 다르게 마련이다.

옛 사기장들의 마음과 채취도 느낄 수 있어야 한다. 한 가지 예를 들어보자. 옛 사기장들은 호號를 쓰지 않았다. 그런데 내가 어찌 호를 쓸 수 있겠나? 한 번은 독립해 나간 제자 중에 한명이 버젓이 호를 지어 쓰고 있었다. 물론 누군가가 지어주었을 것이다. 나는 당장 그를 불러 심하게 호통을 쳤다.

"니가 그렇게 호를 쓰고 싶거든, 내가 죽고 난 뒤에 마음껏 쓰거라."

사실 나에게도 호가 없는 것은 아니다. 문경 시절 때 부산에서 활동하던 의사이면서 서예가였던 운여 김광업(雲如 金鑛業 1906~1976년) 선생이 나에게 '장여'長如라는 호를 지어 주었다. 하지만 나는 이 호를 한 번도 내 입으로 남에게 말해 본 적이 없다. 어떻게 알았는지 신문에서 나에 관한 기사를 쓸 때 몇 번 쓴 것을 본 적은 있다.

따지고 보면 이런 게 다 나의 괴벽 탓인지도 모를 일이다. 우리 가마에는 그 흔한 간판 하나 붙어있지 않다. 몇 년 전 양산시에서 관광산업진흥을 위한다는 명목 아래 우리 집 가마터 앞에가 '신정희요'申正熙窯라는 커다란 입간판을 하나 달아주겠다면서 담당 공무원이 찾아왔다. 나는 단번에 거절했다. 내가 도자기를 만드는 것은, 누구에게 내보이기 위해 하는 일이 아니다. 그러니 내 자랑을 어떻게 내가 할 수 있겠는가? 또 내 자신을 내세워봐야 뭘 하겠다는 것인가?

그냥 이 일이 숙명宿命이라 생각하고 묵묵하게 한 길만 가야 한다. 옆길을 쳐다볼 시간이 있으면 차라리 그 시간에 공부를 해야 한다. 옛 것을 보는 눈을 키워야 새 것 또한 제대로 볼 수 있고 만들 수 있다.

나는 감히 도자기를 위해 뛰어든 신예 도예가들에게 말하고 싶다.

"시간이 있으면 박물관과 미술관으로 가라. 그리고 사발과 도자기를 만들기 전에 우선 골동품과 고미술부터 공부하라."

흙에서 '꼬신내'를 느끼지 못하면 사기장 될 수 없다

도자기는 첫째도 흙이고, 둘째도 흙이다. 셋째가 있다면 그것은 불때기이다. 조각가는 돌을 쪼아서 형상을 만들어가는 사람이라면, 그릇장이는 흙의 때깔을 찾아주는 작업을 하는 사람이다. 흙에는 그야말로 여러 가지가 있다. 각 산마다, 각 들마다의 흙들이 모두 다른 맛이고 다른 성질을 갖고 있다. 그 흙 맛을 찾아야 제대로 된 옛 사발을 만들어 낼 수 있다.

흙으로 그릇성형을 하게 되는데 그릇에도 얼굴이 있다. 얼굴을 만들어내려면 흙을 고르는 일이 똑바로 돼야 한다. 그래서 나는 언제나 흙을 고를 때는 직접 입에 넣어 씹어보면서 맛을 본다. 입에서 흙 특유의 '꼬신내'를 느낄 수 있어야 한다. 또 흙을 마구 파다 쓴다고 다 도자기의 태토胎土가 되는 건 아니다. 흙을 파와서 삭혀야 한다. 적어도 1년 정도 흙 속에서 미생물을 삭인 다음에 채로 걸러 써야 한다. 흙은 그만큼 중요한 것이다.

유약과정에 대한 연구와 공부도 중요하다. 1톤가량의 나무를 태워도 거기서 얻어지는 재는 그다지 많지 않다. 따라서 미리 준비해야 하고, 또 다양한 나무재를 사용할 줄 아는 눈을 키워야 한다. 가마 불에 쓰는 소나무 장작도 6개월 정도는 말려서 써야 제대로 된 화도火度를 얻을 수 있다.

화가畵家는 붓으로 그림을 그린다. 하지만 사기장은 장작으로 도자기를 구워낸다. 그릇장이에게 있어 장작은 곧 화가의 붓과 같은 것이다. 불때기 작업은 그만큼 신중해야 하고, 고도의 숙련이 필요하다. 한 번 불을 지필 때 3~4일 걸리는 만큼 그에 걸 맞는 체력도 있어야 한다.

장작을 한 고물을 더 던지면 불의 온도가 확 올라가면서 아주 아름다운 도자기를 구워낼 수 있다. 하지만 그 한 고물을 더 던짐으로 해서 그릇과 유약이 온도에 못 이겨 흘러내려 버릴 수도 있다. 도자기를 그래서 '불의 예술' 이라고 한다.

그릇장이가 솜씨 좋은 기능공으로 살아남는다면 그야말로 그릇장이일 뿐이다. 오늘날의 시대가 요구하는 것은 단순한 그릇장이가 아니라 도예가이다. 도예가로 거듭 태어나기 위해서는 흙과 유약, 불, 장작 등 모든 요소들을 제대로 공부해야 한다. 그리고 옛 것을 토대로 자신의 것을 재창조해낼 수 있는 지혜가 있어야 한다.

우리 옛 그릇은 사실 지난 15세기까지만 해도 이 지구상에서 가장 첨단제품이었고, 가장 앞선 기술 분야였다. 이런 청자와 백자를 구울 수 있는 나라는 우리나라와 중국뿐이었다. 당시 유럽에는 유리공예가 있었다. 기술적으로 본다면 비교가 되지 않을 정도로 옛 도자기가 우수하다. 지금은 어떤가? 나는 현대도예가 무엇을 지칭하는지를 사실 잘 모른다. 하지만 현대도예를 배우고, 또 대학을 나왔다는 사람들을 내 가마에서 보면 '현대도예가 큰일났구나' 하는 생각을 갖게 된다. 다리는 없고, 머리만 커져 있는 사람들이 그들 아닌가 싶다. 누군가는 이렇게 말했다.

"현대도예는 메시지를 전달하는 진짜 예술이고, 전승도예는 옛 것을 모방하는데 그친 모사품"이라고.

나는 이에 대한 생각이 분명히 다르다. 도자기에는 전승도 없고, 현대도 없다. 분명한 것은 정신과 기능이 올바로 갖춰져 있지 않으면 현대도, 전통도 모두 엉터리라는 점이다. 숙련된 기능에다 제대로 된 도예의 지식과 감성을 불어넣을 수 있어야만 도자기다운 도자기가 탄생할 수 있다.

하기야 거꾸로 지나치게 옛

"이게 황도사발 아이가!" 가마에서 막 꺼낸 사발을 놓고 도자기 도반들과 판매상들이 작품 감상에 열중이다.

ⓒ 쿠와바라 시세이

날 방식만을 고집하는 작가들도 적지는 않다. 내가 고집스러우리만큼 불가마를 고집하는 것은 장작불이 갖는 특성 때문이다. 가스 가마나 전기 가마로서는 도저히 나타낼 수 없는 그 어떤 맛이 있기 때문에 장작 가마를 주장하는 것이지, 불 자체가 문제가 되지는 않는다고 생각한다. 중요한 것은 불가마를 선택하든, 아니면 가스 가마를 선택하든 그릇장이의 순수성에 달려 있다고 본다.

여기서 또 한 가지 생각할 점이 있다. 그릇장이 중에 지나치게 옛것을 우러러본 나머지 자기가 빚은 최신작품을 '신작'이라고 부르는 경우이다. 이는 자신의 값어치를 지나치게 '비하'하는 행위에 다름 아니다. 이미 옛날의 작품은 더 이상 제작될 수 없다. 그렇다면 재현하는 수밖에 없다. 그것이 어떻게 나쁜 행위인가? 일본의 경우에도 국보급이나 보물급 문화재를 제외한다면 근 · 현대 작가의 작품이 훨씬 비싸다는 사실에 주목해야 한다. 마찬가지로 요즘 발 물레가 큰 인기다. 옛날 방식 그대로 하기 위해서라고 한다. 나는 그동안 수없이 봐왔다. 물레대장들은 쉰 살만 넘어서면 관절염 등으로 큰 고통을 당하곤 한다. 옛 것 중에서 좋은 것만 골라 본받아도 충분하다. 무조건 모든 것을 꼭 그대로 해야 한다는 발상은 그야말로 우매하고 어리석은 짓이다.

또 한 가지. 불가마 작품이라 하여 비싸고, 가스 가마나 전기 가마에서 구웠다하여 반드시 싼 것이냐 하는 점이다. 한 가마에 보통 소나무 장작이 25짐 정도 들어가는 만큼 당연히 원가로 보면 장작불이 더 많이 들어갈 것이다. 그렇다고 해서 장작 가마의 작품이 더 비싸야 할 이유는 없다. 가스 가마에서도 얼마든지 만드는 사람의 혼과 얼이 담긴 제대로 된 작품이 나올 수 있다.

불때기를 하다보면 장작불의 경우 어느 누가 때어도 그야말로 예견치 못한 명품이 한두 개 쯤 나올 수가 있다. 이들 한두 개를 가지고 그릇장이 자신의 값어치와 동일시해서는 안 된다. 실력을 제대로 갖춘 그릇장이라면 불을 땔 때 명품이 만들어져 나올 확률을 어느 수준 이상으로 높일 수 있느냐에 달려 있다고 봐야 한다. 확률이 형편없이 떨어지는 걸 놓고 자신이 명품만 만드는 그릇장이라고 우겨서는 안 된다는 이야기다.

어쩌다 명작이 나왔을 때, 한 가지 더 명심할 것은 그 작품을 절대 특별하게 비싼 값으로 팔아서는 안 된다는 것이다. 보통 때 받던 그 그릇의 평균가격으로 쳐서 받아야 한다. 왜냐 하면 그 특별한 명작은 그 그릇과 인연을 맺는 소장가의 또 다른 몫이기 때문이다. 그릇장이들은 그래서 작품은 판다고 하지 않고 '시집 보낸다' 고 하지 않았던가.

그릇장이는 자신이 구운 그릇을 깨는 것을 두려워해서는 안 된다. 마음에 들지 않으면 사정없이 깨버려야 한다. 처음에는 아깝다는 생각이 들겠지만 세월이 지나면 그 때 참 잘했다는 것을 느끼게 될 것이다. 또 불을 땔 때는 반드시 소성일지燒成日誌를 남겨야 한다. 세월이 흘러 어느 날 보게 되면 엄청난 기록으로 남게 된다.

도자기 그릇 하나하나가 작품이다. 그것은 또한 하나의 브랜드이다. 요즘 들어 생산량으로 승부를 걸려는 그릇장이들을 많이 본다. 일본이 언젠가 그랬듯이, 중국이나 태국 등지에 한국 도예가가 나가서 한국의 흙으로 대량으로 구워 역수입해 올지도 모른다. 작품에 철학과 전통을 담는 작업을 해야 한다. 마찬가지로 요즘 중국차가 유행이다. 그릇장이 중에도 중국차를 즐기는 사람이 꽤나 있다. 이런 추세가 얼마쯤 계속되면 우리의 옛 사발이나 다기茶器는 다 없어지고 온통 중국산 다기가 판을 칠지도 모를 일이다.

요즘의 젊은 그릇장이인 전승 도예가들에게 몇 가지만 말하고 싶은 것이 있다.

첫째, 일본 도자기학자들을 맹신하지 말라는 점이다. 그들이 많이 아는 듯하고 집필한 책 등을 보면 그럴 듯 해보이지만 실제 한 꺼풀 벗겨놓고 보면 우리들 사기장보다 훨씬 뒤떨어진다는 것을 알 수 있다. 도자기는 어디까지나 조선에서 일본으로 넘어간 기술이 아닌가. 또 외국에 나가서 일본인이나 중국인 등이 한국의 다른 도예작가에 대해 물으면 절대 그 한국 도예가를 비난하거나 헐뜯지 말아야 한다. 오히려 그 사람을 칭찬하고, 좋은 점만 이야기해 줘라.

둘째, 그릇장이가 '물건' 이란 말을 함부로 써서는 안 된다. 왜 자신이 혼신의 힘을 다해 빚은 작품을 놓고 '물건' 이라고 비하하는가? 그릇장이가 빚은 도자기는 그야말로 자신의 생명이자 목숨이다.

셋째, 누군가가 가마를 운영하고 있는 자신을 보고 '사장님' 이라고 부르거든 즉시 이를 고쳐주어라. 그릇장이는 '선생' 이라는 자부심을 갖지 않으면 결코 좋은 작품을 만들어 낼 수 없다.

넷째, 초벌구이된 도자기를 화선지로 삼아서는 안 된다. 한국의 현대 화가들은 지난날 화공畵工들이 그랬던 것보다는 훨씬 높은 위치에 있다. 꼭 화선지가 되어야 할 경우에는 그 만큼의 값을 더 쳐서 받아라.

다섯째, 자신의 작품을 함부로 기증하거나 기부하지 말라. 어쩔 수 없을 때는 차라리 돈으로 주어라. 공짜로 작품을 얻은 사람은 그 작품과 그릇장이를 칭찬할 것 같지만 사실은 전혀 다르다. 하지만 아주 친한 사람에게 넌즈시 건네주는 맛을 잊지는 말아야 한다.

여섯 번째, 다른 그릇장이의 작품을 자주 사주어라. 남의 작품을 구입할 수 있을 정도의 마음의 여유와 경제적 여유가 있어야 자신의 작품 수준을 한층 높일 수 있다.

일곱 번째, 기능공이 되려고 하지 말고 도예가가 되려고 노력하라. 기능은 단순한 재주이지만, 도예는 정신과 혼의 예술이다. 이와 함께 일반인들이 흔히 회사에서 상업적으로 대량생산하는 도자기와 작품 도자기를 잘못 이해하거나 혼동하고 있는데 이를 설명해주고, 도예의 아름다움을 적극 가르쳐 나가야 한다.

여덟 번째, 도예가 자신은 물론, 그 지역 특유의 개성을 담은 그릇을 만들어야 한다. 전라도에선 전라도의 개성이 담긴 그릇을 만들어야 하고, 경상도에서는 경상도식의 그릇이 구워져야 한다. 또 각 지방마다의 특색과 특성을 지닌 그릇이 만들어져야 한다. 요즘은 흙은 물론 유약, 불 때는 나무까지도 주문해서 쓰기 때문에 그야말로 어느 지방에서 만든 것인지, 누가 만든 것인지를 거의 알 수 없을 정도로 통일되고 획일화된 작품들이 쏟아져 나오고 있는데 이는 결코 바람직한 일이 아니다.

아홉 번째, 도자기를 만드는 것도 예술행위이지만, 그것을 잘 알리는 것 또한 예술이다. 하지만 지나친 쇼 비즈니스는 금해야 한다. 특히 전시회 등을 가보면 도록圖錄이나 팸플릿 제작에 너무 많은 돈을 들이는 경우를 본다. 그럴 필요 없다. 사진 한 장으로도 충분할 수 있다, 중요한 것은 작품의 내용이고, 질이다.

열 번째, 새로운 아이템 개발에 적극 노력하라. 우선 도자기 벽지와 도자기 간판에 도전하라. 또 예술식기에 뛰어들어라. 조만간 다기로서의 도자기 시장보다는 예술식기의 시장이 훨씬 커질 것이다. 생활식기에 자신 만의 감성과 감각을 표현하고, 당당히 자신의 이름으로 내 놓을 수 있어야 한다. 이것이 바로 예술식기의 시작이다. 정부 또한 유흥음식점이나 일반음식점 등에서 도예작가의 예술식기를 구입할 경우 이를 예술작품 구입으로 간주하여 그에 걸 맞는 세제혜택 조치를 취해야 한다.

들꽃은 들꽃다운 아름다움을 잃지 않아야 한다

생生은 흙에서 시작됐다.
삶은 흙으로 완성됐다.
기나긴 세월이 흘렀다.
나는 이제 다시 흙으로 돌아갈 것이다.

많은 생각이 스친다. 그리움도 다가오고, 아쉬움도 스며든다.

온 몸으로 찢기며, 아우성치며 달려온 세월의 강이었다.

강물은 가다가 웅덩이를 만나면, 그것을 다 채운 후에 비로소 다시 앞으로 흘러나간다.

그렇게 흘러가야만 바다가 그 강물을 받아들인다.

물을 건널 적에는 강물의 소리가 들리지 않는다.
물에 빠질 것을 염려하여 아예 머리를 하늘로 젖히거나,
아니면 발아래의 강바닥만을 보고 건넜기 때문이다.
강을 건넌 사람들은 모두는 말한다.
강이 평평하고 너무 넓었기 때문에 강물 소리를 듣지 못했다고.
하지만 그것은 강물을 진정 알지 못한 것이다.
강이 울지 않은 것이 아니라, 그들이 단지 밤중에 건너가 보지 않았기 때문이다.

일체유심조一切唯心造라고 했던가.

모든 것이 마음먹기에 달려있다고 했다. 마음은 어디에나 있다. 손놀림 하나, 발걸음 하나에도 마음은 있다. 또 육체의 감각에도 마음은 깃들어 있다. '마음은 오직 모를 뿐' 이라고 했지만 그 마음에 사로잡히거나, 집착해서는 안 된다. 중요한 것은 그 본성本性을 깨닫는 일이다. 각 나라마다, 민족마다 먹는 방법은 다르지만 궁극적으로 가장 중요한 것은 '먹어서 과연 배가 부르냐' 에 있다.

본성을 깨닫기 위해서는 모든 순간에 최선을 다하고 깨어있어야 한다. 정신을 바짝 차리고, 내가 지금 이 순간 무엇을 하고 있는가를 알아차려야 한다. 알아차리면 마음은 다른 데로 끌려가지도 않고, 언제나 내 마음으로 고요하게 자리할 수 있다. 그것을 가장 잘 나타내는 비유가 연꽃과 이슬의 관계이다. 연꽃에 이슬이 내리지 않는 것은 아니지만, 연꽃은 언제나 그 이슬을 흘려보낸다. 장맛비가 몇날 며칠

을 계속해서 쏟아 부을지라도 연꽃의 내부는 결코 젖지 않는다.

또한 하늘에서 내리는 비는 지구 위의 모든 생물들을 차별 없이 적신다. 그러나 그 비로 뱀은 독毒을 만들지만, 매화梅花는 향기로운 꽃을 피운다. 똑같은 일이지라도 상대의 심금心琴을 울리기도 하지만, 짜증만 나오게 할 수도 있다. 상대와 하나가 되는 순간, 이미 그는 나의 상대가 아니고 바로 나 자신이 된다. 오른손이 아픈 왼손을 주물러 주었다하여 보상을 바라거나 티를 내지는 않는다. 둘 다 내손이기 때문이다. 어떤 흔적도 남기지 않는다.

부처님의 계송偈頌이 있다.

오래지 않아 이 몸 흙바닥에 버려지고
마음 또한 어디론가 사라져 버리리.
그 때 덧없는 이 몸은
썩은 나무토막보다도 소용없으리.

그렇다. 앞으로 나는 줄곧 늙어갈 것이다. 지금까지 살아온 날과는 비교할 수 없을 정도로 나약한 모습으로 살아갈 지도 모를 일이다. 그렇기에 머나먼 길을 걸어온 구도자求道者처럼 지금쯤은 결실을 정리해 두어야할지도 모른다.

화원에 피어있는 꽃에 비해, 인적人跡 없는 산골에 홀로 핀 꽃이 덜 아름다운 것은 아니다. 벌 한 마리, 나비 한 마리 날아들지 않더라도 들꽃의 아름다움은 줄어들지 않는다. 또 사람들이 몰라준다 해도 그

꽃의 향기는 가치를 잃지 않는 법이다.

나는 그동안 수많은 일들을 많이 겪어왔다. 세속적인 행복에도 많이 취해왔다. 옛 사발의 재현과 내가 만든 도자기를 통해 더 큰 행복을 느꼈고, 일을 통해 보람을 느끼며 살아왔다. 집사람과 아들, 며느리, 손자 · 손녀들의 얼굴에서 더 진한 행복을 느낀다.

나의 도자기 인생에 한 점의 후회도 없다. 내가 택한 이 길을 고맙게 생각하고, 감사함을 느낄 뿐이다.

ⓒ 쿠와바라 시세이

이 즈음에서 나는 몇 가지 점을 반성하고자 한다.

첫째는 그동안 '막사발'이라고 불러왔던 용어 자체가 사실은 잘못됐다는 점이다. 일제 때 왜倭사기는 좋은 사발이고, 우리의 조선사발은 그야말로 형편없는 사발이라는 점을 강조하기 위해 일본인들이 제멋대로 붙여놓은 이름이 막사발이었다. 500여 년 전 우리 조상들이 만들었던 그 사발은 제기祭器도 있었고, 필세筆洗도 있었고, 또 밥 그릇, 찻그릇도 있었다, 이를 통칭하여 '사발'이라는 이름으로 충분하다. 이도다완(井戸茶碗)이란 이름도 '황도사발' 정도로 표현하는 것이 옳을 것이다.

두 번째는 도공陶工이란 말의 쓰임이다. 이 말은 도자기를 빚는 공인工人이라는 뜻의 일본말이다. 높임이 아니라 낮춤이다. 사기장이라든가. 그릇장이라는 등의 우리말이 훨씬 정겹다. 이조백자李朝白磁라는 말도 그렇다. 당연히 조선백자朝鮮白磁가 맞는 표현이다. 이처럼 우리 도예계의 용어가 일본어 투로 되어 있는 데는 나를 비롯한 우리들 옛 사기장들의 책임이기도 하다. 후학들이 잘 다듬고, 제대로 만들어 주길 바랄 뿐이다.

04

여백餘白의 창

도자기는 3분의 1은 사기장이 만들고,
3분의 1은 가마가 만들며, 나머지 3분의 1은 소장한
사람이 만들어 간다고 한다.
차사발의 경우 흔히 차심茶心이 깃든다고 하는데 이는 그 그릇을
소장한 사람이 그것을 사용하면서
거기에 아름다움을 비로소 완성시켜 나간 결과이다.
그게 바로 진정한 사발의 아름다움이다.

쿠와바라 시세이(桑原史成)의 기록사진

도자기는 손가락 만으로 만드는 작품이 아니다. 기로 만들어야 한다. 그래야 소박함이 묻어나온다. 유약을 칠한 찻사발을 살펴보는 눈길에서 그의 기를 읽을 수 있다.

그는 도자기를 위해 태어난 사람이다. 스승 없이 스스로 배우고 익힌 기술이지만 그의 지혜와 지식은 따르는 사람 또한 드물다.

막 구워낸 찻사발을 확인하고 있다. 그는 이 세상에서 가장 많은 작품을 아낌없이 깨어버린 사람이기도 하다.

초벌구이를 마친 찻사발들. 기물을 겹쳐 쌓아올리다 보니 서로 붙지 않도록 사발 밑바닥에 부정을 붙였다.

"명품이다!" 마음에 쏙 들었다. 이 기분은 무엇과 바꿀 수 없다.

사기장 신정희는 그릇만 앞에 놓으면 어느덧 선생이 되고 학자가 된다. 그렇게 해박할 수 없다.

불때기 전 가마칸. 차례로 재여진 찻사발과 그릇들.

숱하게 깨버린 사발이지만 그래도 마음에 드는 한 점을 위해 오늘도 물레를 차고, 가마에 불을 지핀다.

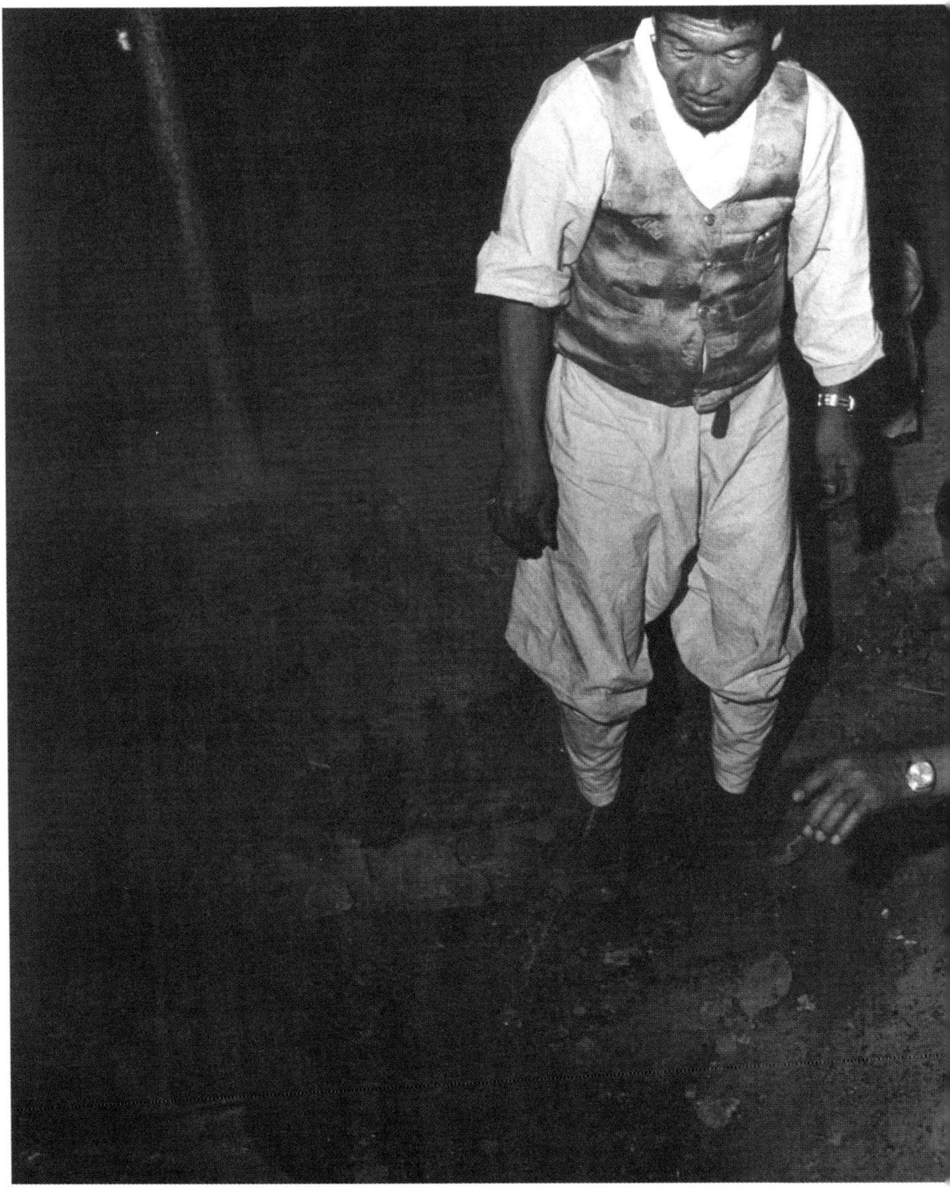

기물이 익어간다. 저봐라! 빨갛게 익어간다! 환희의 목소리가 눈길로 이어진다.

물레를 차며 빚어진 성형(上) 은 유약 입히기와 불 때기 작업을 거쳐 하나의 생명으로 태어난다.

유약 입히기는 사발의 피부를 결정짓는 요인이다. 재를 태운 탓에 손이 트고 마르지만 그래도 사기장은 맨손을 고집한다.

찻사발은 천지인을 하나로 묶는 다기茶器이다. 그런 만큼 한 점의 소홀함도 없어야 하다.

"도자기는 내 종교이고, 신앙이다." 이 길에 조금의 후회도 없다. 500여 년 전 우리 조상들이 빚었던 이 한 점의 분청자기를 재현하기 위해 나는 50년의 세월을 도자기와 보냈다.

흙은 그냥 두면 흙이지만, 흙에 감성을 불어 넣으면 보석이 된다. 도자 인생은 그 보석을 찾아 떠나는 외롭고 고통스런 여행이다. 하지만 그 보석을 찾아 냈을 때의 기쁨이란….

나의 주요 작품들

함경도사발(웅천다완)

동유항아리

달항아리

황도사발

동유(진사)사발

약토물통(이라보)

동유사발

동유사발

달항아리

동유다기

황도사발

황도사발

약토사발

약토사발

황도사발

계룡산사발

분청장군병

계룡산물통

분청철화어문항아리

05

인연因緣의 길

불꽃은 변덕스럽다.

며칠 동안 계속 가마 속에 불을 지펴야만 할 때의

날씨, 기온은 물론 미세한 기압,

습도에도 모든 신경을 기울여야만 한다.

아무리 숙련된 도공이라도

불을 조절하는 것에는 한계가 있다.

신정희 작품을 말한다

불꽃 같은 사람 신정희

구니시게 마사토시國重昌利/ 야마구치현 야나이시 문화협회장

환상이라고까지 말하던 고려다기를 현대에 되살려 '도예의 혼' 이라고 불리는 신정희 선생이지만 그를 '한국 도예의 고흐'라고 말하는 사람도 있다. 예술을 추구한 고흐는 각지를 돌아다니며 수많은 경험을 했던 만큼 굉장한 그의 생활 태도에서 사람들은 '불꽃같은 인간' 이라고 말한다. 그것은 오로지 타오르는 불꽃처럼 한길만을 걸어온 그의 이미지와 중복되기 때문이기도 하다.

신정희 선생과 도예와의 만남은 그의 소년시대로 거슬러 올라간다. 집안이 가난하여 초등학교를 중퇴한 그는 어느 날 마을의 오래된 가마터에서 자그마한 도자기 조각을 발견하였다. 그 당시 한국에서는 어디를 가더라도 도자기 조각들은 여기저기 굴러다니고 있었기 때문에 그것은 드문 일이 아니었다. 하지만 소년에게 도자기 조각은 눈부시게 빛날 정도로 아름답고 부모의 반쪽 같은 그리운 느낌이었다.

그 후 그 도자기 조각은 소년의 보물이 되었고 마음을 지탱해주기도 하는 것이었지만 도예에 몰두했던 신정희 선생의 생애를 돌이켜보면 그것은 그가 도자기 조각을 주운 것이 아니고 그의 마음이 도자기 조각에 주워 올린 것이라고 말해야만 할지도 모른다. 소년은 그날부터 도자기 조각을 찾아 거의 매일 가마터를 걸어 돌아다녔다. 한국 전쟁 후 결혼하여 아이들도 태어났다. 하지만 그는 집안을 거의 돌보지 않고 국내에 남아 있는 200여 개의 가마터를 찾아다니며 도자기 조각을 발굴하고 가마의 구조와 유약을 연구했다.

그는 장녀의 죽음도 자신의 행선지에서 알게 될 정도였으며 주위의 친척 · 친지들도 "도예에 혼을 빼앗긴 남자…"라며 그를 상대하지 않았다. 하지만 빼앗겼을 그의 혼의 공동空洞에는 오랜 한국의 도예 지식이 가득 채워져 있었다. 마침내 자신을 갖게 된 신정희 선생은 옛 가마를 수리하여 도예에 입문하게 된다. "만들고 부수고, 굽고 깨버리는 일을 수백, 수천 번…. 그래도 선조의 혼을 찾을 수 없었다"라는 그의 말처럼 고난의 날은 계속되었다.

분청토청사기(고비끼, 조선시대 일본으로 전해진 도기를 말함)를 완성한 것은 17년 후, 이도다완(井戸茶碗)이 재현된 것은 그보다 수년 후였다. 그는 그 다기를 안고 며칠동안 울면서 밤을 지새웠다고 한다.

신정희 선생은 고려청자에 조선시대의 다기인 고려다기를 만드는데 필요한 흙, 유약, 그리고 불꽃을 찾아낸 것이다. 그런데도 신정희 선생은 자신이 만들었다고 하지 않고 "신께서 만들 수 있게 해주셨다"며 신에게 감사했다.

불…. 그곳에서 피어오르는 불꽃은 변덕스럽다. 며칠 동안 계속 가마 속에 불을 지펴야만 할 때의 날씨, 기온은 물론 미세한 기압, 습도에도 모든 신경을 기울여야만 한다. 아무리 숙련된 도공이라도 불을 조절하는 것에는 한계가 있다고 한다. 장작을 넣을 때까지는 기술이지만 그 다음은 신에게 맡길 수밖에 없다.

신정희 선생은 "도자기는 손으로 만드는 것이 아니고 마음으로 만드는 것이다."라고 말한다. 그는 아마도 '마음으로 만들면 신이 도와준다.' 고 말하고 싶었을 것이다. 고려도기를 만들기 위해 그는 완전히 당시의 도공 마음으로 돌아가 있었던 것이다. 오로지 자연미를 추구하며 사심 없이 만든다. 따라서 옛 도기는 때로는 농부처럼 순박하고, 때로는 양가의 규수처럼 수줍고, 때로는 귀인처럼 섬세하며 화려한 모습을 지니고 있다.

그 신기라고도 말할 수 있는 고려나 조선의 도기를 현대에 살아 숨쉬게 한 신정희 선생의 생애를 그린 책이 드디어 출판된다고 한다. 너무 늦은 감이 있지만 그의 '불꽃 같은 삶' 을 통해 고려 도기의 신비함, 깊은 맛을 마음으로 느끼고 이해했으면 하는 바람이다.

한국을 대표하는 도예가

다니 아키라谷晃/ 일본 노무라 미술관 학예부

한국에서는 최근 들어서 웰빙 열풍을 타고 차문화가 유행하게 되었고 또한 차를 마시는 다기에도 관심을 갖게 되었다. 하지만 이전에는 도자기를 연구하고 또 만들고 수집한다는 사람들 중 다기, 그 중에서도 고려다기라고 불리며 일본 다도계에서 귀하게 대접받고 있는 도자기에 관심을 보이는 일은 거의 없었다. 이와 같은 상황 속에서 신정희 선생은 일찍부터 고려다기의 아름다움에 심취해 일본을 자주 들락날락했으며, 다기들이 언제 어디서 어떤 과정을 거쳐

생산되었는가를 알기 위해 200여 개에 달하는 한국의 옛 가마터를 몸소 찾아 다녔고 한국전쟁 당시 군인으로 전쟁터에 나갔을 때도 그 곳이 가마터였다는 사실을 알게 되면 도자기의 조각들을 채취하였다고 들었다.

마침내 전쟁은 끝나고 선생께서는 남아 있던 옛 가마를 보수하여 도예를 시작하였다. 약관 29살이었던 시절의 선생님의 일화다. 선생께서는 보수, 수리한 가마로 다양한 흙과 유액을 사용하여 시행착오를 반복하면서 옛 고려다기의 복원에 전념하였다. 하지만 좀처럼 생각했던 대로 이루어지지 않아 노심초사한 끝에 마침내 만족할 수 있는 작품을 탄생시킬 수 있게 되었을 때의 선생 나이는 이미 불혹인 마흔을 넘기고 있었다.

그 후 선생께서는 한국은 물론 일본에서도 수많은 개인전을 개최하였고 직접 만든 이도(井戸), 미시마(三島), 데츠에(鐵繪), 진사(辰砂) 등의 도자기는 절대적인 지지와 찬사를 받았다. 선생의 업적에 대해 한국 정부는 선생을 한국을 대표하는 도예가로서 인정하게 되었고, 한국을 방문하는 각국의 수뇌부들에게 기념품으로 선생의 작품을 선물하게 되었다.

이와 같은 선생의 노력이 빛을 발한 결과, 한국 사람들이 고려다기를 대하는 태도에도 커다란 변화를 가져오게 되었으며 현재 한국에서 도자기 제작을 목표로 하는 사람들에게는 고려다기는 고려청자, 조선백자와 함께 피할 수 없는 과정으로 되었고 고려다기의 전람회도 개최하게 되었다. 또한 선생님의 뒤를 계승한 큰 아들 신한균씨는 아버지가 개척한 길을 더욱 발전시켰을 뿐만 아니라 한국과 일본을 자주 왕래하며 양국의 우호와 도자기 문화 교류에 전력을 쏟고 있다. 이 두 분의 노력에 새삼 깊은 경의를 표할 따름이다.

인간 신정희를 말한다

이도다완을 재현한 도예가 신정희

쿠와바라 시세이/ 보도사진작가, 구와바라시세이박물관 명예관장

1972년 나는 처음으로 신정희 씨를 만났다. 그 후 우리는 서로 친한 사이가 되었고 그것은 그 분이 진실성 풍부한 표현을 하게 되었기 때문이라고 나는 생각했다.

시골 문경. 해발 몇 미터인지는 정확히 모르겠지만, 수도 서울과 비교하면 300미터 높이에 위치하고 있는 것 같았다. 코스모스가 흐드러지게 피어 있는 고개를 넘어 초겨울에 방문한 문경에는 세 명의

도공, 신정희 씨와 천한봉, 서선길 씨가 있었다. 완만한 구릉의 경사지에 7단의 계단 모양으로 가마가 길쭉하게 늘어져 있었다. 세 사람은 3년 전, 즉 1970년 무렵부터 즈치모노(土もの, 일본의 도자기는 즈치모노陶器와 이시모노石もの:磁器로 나누어짐)라고 일본어로 불리는 도기(한국에서는 분청사기)인 이도다완(井戸茶碗)을 비롯해 고비끼, 계룡산(조선시대에 일본에 전해진 도기를 말함) 등의 다기의 재현을 위해 땀을 흘리고 있었다.

이 다기들은 일본인이 600년 전 무로마치 시대부터 더할 나위 없는 고가의 명품으로 우러러 받들어져온 다기로 히키차(녹차를 갈아서 분말로 한 고급차)에 사용되는 다기다. 그런데 이 대다수의 다기는 일본에서 만들어진 것이 아니고 한국의 조선 초기에 일시적으로 한국가마에서 생산된 것이다. 즉 일본인이 친근감을 갖고 즐기는 다기의 원산지는 한국 땅에서 만들어진 것이다.

사진 취재를 빌미로 문경을 방문한 내게 신정희 씨는 일본어로 도자기 제작의 힘든 과정을 설명해주었다. 이도다완인 도자기에 붙는 가이라기(유약을 칠한 부분에 담금질이 불충분하여 가느다란 줄이 생기는 모양)는 흙과 유약, 가마 속 불의 온도와의 관계 등등 조선 초기 경상남도 남부(진주 지방)에서 만들어진 도기에 비하면 가마 속 불 조절에 어려움이 있다고 말했다.

내가 문경에 머물고 있을 때 계단식 가마에서 도자기를 꺼내는 작업이 이루어졌고 신정희 씨의 표정은 긴장되어 있었다. 계단식 가마 옆으로 나와 있는 아궁이문이 열렸다. 신정희 씨의 손이 내 마음 탓인지 떨리고 있는 듯 보였다.

대망의 가이라기가 이도다완에 조금 붙어 있는 게 아닌가?

"가이라기가… 보세요. 이것이 이도다완입니다."

신정희 씨는 얼굴 가득 환한 웃음을 지으면서 자랑스럽게 일본어로 말했다. 가마 문이 열리기를 기다리고 있던 도공과 작업을 도와준 사람들이 웅성거리기 시작했다. 하지만 가이라기나 이도다완 등의 단어의 의미를 나는 문경을 방문할 때까지 일본인임에도 불구하고 전혀 몰랐던 것이다.

우리들은 모두 기뻐하였다. 가마에서 다기가 나오는 그 시간, 나는 한 치의 의심할 여지도 없이 이도다완이 확실하게 재현되는 역사의 현장을 지켜보는 소중한 경험을 두 눈으로 지켜보게 되었다. 일본에 지금 존재하는 이도다완은 20가지가 있다고 한다. 이들 다기는 한국의 가마에서 산출되었지만 도공의 이름도 미상이며 이또란 명칭과 일본에 전해진 연대 등 모두가 불분명한 채 오늘에 이르렀다는 것이다.

그때 취재한 현지 보고 기사와 사진을 일본 잡지에 '마보로시노다완(환상의 다기)을 재현한 아리랑고개의 도공 신정희' 라는 제목으로 게재하였다. 내가 발표한 기사를 읽은 사람들 중 몇 명이 문경을 방문해 신정희 씨가 재현한 작품을 사왔다는 말도 나중에 들었다. 일본인들에 의한 한국에서의 대단한 도자기 열풍은 신정희에 의해 시작되었다고 해도 과언은 아닐 것이다.

그 후 신정희 씨는 문경을 떠나 부산에서 가까운 통도사 근처로 가마터를 옮겼다. 수백 년의 수령을 지닌 소나무 거목 숲의 참배길과 절 정문에 있는 바위를 지나 언덕을 올라가자 '거장 신정희의 조령요' 가 있었다. 문경에서 처음 만난 후 벌써 30여 년이 지나고 있다. 조선 초기에 일시적으로 빚어져 서민들의 사발로서 사용되었던 일종의 잡기였던 이도다완의 재현은 신정희 씨라는 현대 도공을 탄생시킨 출발점이었던 것으로 생각된다. 신정희 씨는 이도다완을 재현하여 완성시킨 후 분청사기인 고나히키 재현을 모색하며 현재는 조선시대의 모방에 머물지 않고 고나히키의 기교를 최대한 살려서 현대 도기의 작품 창작에 열중하고 있다.

한국 도예계에서 한 시대를 구축한 거장 신정희 씨는 경상남도 사천에서 태어나 한국전쟁에 참전, 제대 후 혼란 속에서 끼니해결을 위해 골동 도자기를 사고파는 장사를 했던 시기가 있었다고 한다. 그는 그로 인해 고려나 조선의 청자, 분청사기의 진위眞僞를 판

신정희 작. 달항아리

별할 수 있는 감정 능력을 지닐 수 있었다. 한국의 고려시대부터 조선시대의 약 1천 년의 역사는 중국에 이어 도기의 위대한 문화가 번성한 풍토였던 것을 거장은 몸소 실감하고 있었던 것이다. 통도사 언덕에 있는 가마에서 구워져 나오는 그의 작품에는 오랜 한민족의 역사가 전승되는 것은 물론이고 장인정신이 반영되어 있다는 생각이 들었다.

거장의 아들들도 각자 독립하여 도예에 열중하고 있다. 그 아들 중 장남 신한균 씨가 아버지의 대를 이어 아버지와는 또 다른 취향의 전통 작품을 창작하고 있는 것이 몹시 믿음직스러웠다. 게다가 신한균 씨는 도예의 역사와 문화에 대한 조예가 깊어 새로운 관점에서 본 저서 『사기장 신한균의 우리사발 이야기』를 출판하는 등 한국 도예계를 이끌고 있는 신인 작가이다.

스승 신정희申正熙와 제자의 길

아들 4형제와 제자 12명

제대로 된 작품을 만들고 싶다

이경효李卿孝 **토곡요**土谷窯

경남 양산시 하북면 삼수리 114-1 (055)382-8551

대학에서는 건축학을 공부했지만 군 전역과 함께 자형(신정희 선생) 집에 머물게 된 것이 오늘날 사기장 인생의 시작이었다. 1979년 한 여름이었다. 마침 친형님(이단효)이 가마터에서 자형의 일손을 도우고 있던 터라 그냥 별다른 거리낌 없이 주저앉게 되었다.

자형의 젊은 날을 너무나 서러운 눈으로 봐왔지만, 오로지 분청의 재현에 빠진 자형의 모습은 나로 하여금 이해할 수 없는 충격으로 다가왔다. "어떻게 저런 색깔이 나올 수 있을까?" 그야말로 신비였다. 하지만 그 이면은 피와 땀의 범벅이었고, 숱한 실험과 노력의 대가였다.

신정희 선생을 여러 각도에서 논할 수 있겠지만, 나는 누가 뭐래도 그분은 새로운 도자기를 찾아냈고, 또 그 분청의 색깔을 재현하는데 일생을 다 바쳤다는 공적에 버금갈 수 없다고 믿는다.

하지만 나의 경우 가마의 불때기 횟수가 늘어나면서 몇 가지 생각이 고개를 치켜들었다. "더 이상 도자기가 신비의 구름에 가려 있어서는 안 된다. 그 짙은 기운을 벗어버려야만 새롭게 발전할 수 있다." 옛 사발을 재현하고 복원하는 것도 좋지만, 오늘 현재의 쓰임에 맞는 맞춤이 더 중요하다는 생각이었다. 양복 위에 갓끈을 맬 필요는 없지 않은가! 예술가가 이상을 먹고 산다지만, 더 중요한 것은 현실성이 없다면 헛꿈에 다름 아니다. 특히 색깔과 형태의 다양성은 늘 내 머리를 떠나지 않는 화두였다.

1983년 김해 가락에 가마터를 만들고 독립한 배경이었다. 1년 반 뒤 현재의 위치에 가마터를 축조하여 오늘에 이르고 있다. 사발은 불의 작품이다. 불때기가 모두 끝나봐야 비로소 작품 여부를 알 수 있다. 결국 많이 굽는 수밖에 없다. 굽다보면 눈을 휘둥그렇게 하는 그야말로 손 떨리는 작품이 나오기도 한다. 다만 실패한 것도 작품이다. 거기에서 배워야 한다. 깨고 보는 습성은 잘못이다. 배우고 공부하고 난 다음에 나중에 깨도 된다.

나는 신정희 선생으로부터 사발 만들기를 배우고 익혔지만, 똑같은 형태와 내용의 작품을 원하지는 않는다. '내 나름의 작품' 을 추구해 나갈 뿐이다. 장작이든 가스 가마가 됐든, 가장 중요한 것은 누가 제대로 된 작품을 만들어내느냐이다. 옛 방식만을 고집할 필요는 없다. 가마터가 민속촌일 필요는 더욱 없다.

도자기는 내 종교이고, 신앙이다

신한균申翰均 신정희요申正熙窯

경남 양산군 하북면 지산리 574 신정희요 (055)382-6616

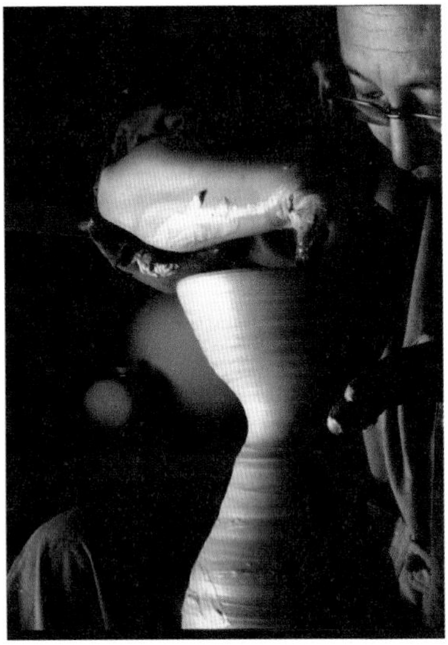

"도자기는 내 종교이고, 신앙이다." 내가 지금껏 가장 많이 들은 말이다. 아버지는 나에게 사기장의 길보다는 끼를 먼저 가르쳐 주셨다. 지금도 마찬가지다. 내가 아버지에게 물려받은 것이 도자기를 굽고 만드는 기술이 아니라, 그것을 만드는 사기장의 정신자세였다. 또 장남으로서, 앞으로 한 집안과 그 도맥陶脈을 이어갈 그릇됨을 먼저 요구했다.

1986년 대학원 졸업과 동시에 아버님의 나에 대한 가르침은 시작됐다. 혹독했다. 남들은 이해하기 힘들 정도였다. 뭘 요구하기 전에 먼저 깨달아 오기를 원했다. 손이 아니라 가슴으로 만드는 것이 뭘 의미하는지를 알 때까지 기다렸다. 시간이 흐르면서 아버님 손의 굵은 마디가 보였고, 손수 유약을 만들기 위해 잿물에 두 손을 담그는 고집에 고개를 숙이지 않을 수 없었다. 바로 그것이었다. 아버지는 나에게 바로 그런 자세를 요구하고 있었다.

머리로 익힐 필요는 없었다. 이미 집안의 일이었기에 손으로는 알고 있었다.

아버님의 생각과 철학도 알고 있고, 읽을 수 있었다. 한걸음 더 나가야 했다. 마침 아버님께서 조선도자기가 아닌 세계도자기를 볼 수 있는 기회를 마련해 주셨다. 또 일본에서 국보 또는 보물로 지정된 대부분의 조선사발을 친견親見할 수 있었던 것도 아버님의 이름 덕분이었다. 이러한 경험을 토대로 89년 일본 동경 도큐(東急)미술화랑에서 개인전시회를 가졌고 그 이후 매년 일본 또는 미국 전시회를 갖고 있다. 내가 96년 회령유약을 국내 최초로 재현하겠다고 나섰던 것도 바로 이러한 아버님의 영향이었다. "큰일 했데이…" 그 한마디였다.

전통도예이든 현대도예이든 그 만드는 기법을 배우고 익히는 데는 정말 오랜 시간을 요하지 않는다고 본다. 빠른 사람은 불과 2~3년 만에도 훌륭히 그 일을 해내곤 한다. 문제는 기능으로만 도자기를 빚으면 '기능공' 일 수밖에 없다는 점이다. 작가가 되기 위해서는 작가다움이 있어야 한다. 그 '다움' 이란 곧 나만의 개성이자 나만의 세계이다. 사기장이 도자기를 빚을 때 이론도 철학도 없고 역사도 모르면서 그저 손기능만으로 도자기를 빚던 시절은 끝났다. 지금 시대는 이론과 실기를 겸비한 예술가인 사기장이 필요한 시대다. 이것이 나의 도자관이다. 이 도자관은 아버님에 의해 내 가슴에 전달되었다.

각종 강연과 강의에 이어 2005년 『우리 사발이야기』(가야넷 출간)을 펴낸 것도 이러한 노력의 하나다. 이어 조선도자기전쟁을 다룬 대하역사소설을 냈다. 시간이 허락하는 대로 '한국도자대백과사전' 을 정리하고 싶다.

과학적 사고로 만드는 전통도예

신경균申京均 **장안요**長安窯
부산시 기장군 장안읍 장안리 307 (051)727-8216

아버님께서 1976년 현재의 양산 가마터로 옮겨오면서 그곳이 집이자 작업장이 됐다. 그때가 중학교 2학년 때였다. 아버지는 당시 무슨 생각이었는지 모르지만 하루는 나를 불러 꼬박작업을 가르쳐 주셨다. 그리고는 3학년에 진학하자마자 "너, 부산공예학교로 가거라" 한마디를 툭 던지셨다.

아버지는 문경에서 양산으로 올 때 미처 가마가 완성되지 않아 몇 개월 동안 부산공예학교 교실을 한 칸 빌려 작업을 했던 적이 있었다. 이런 인연으로 학교 사정은 물론 선생들과의 친분도 있어 내가 그 학교로 갔으면 하는 생각을 이미 내심 굳히고 있었던 것이다. 공예학교에서 도자기 공부를 했지만 실습장은 우리 집이었다. 그런 분위기에서 자연스레 대학 진학도 공예과를 택해 도자기를 전공하게 되었고, 대학원 역시 도자기로 마치게 되었다. 도자기 하나로 고등학교에서 대학원까지를 다닌 특이한 이력을 갖게 된 것이다. 현대도예든, 전통도예든 그 주어진 틀 속의 자유분방함이 나를 끌어당겼다. 특히 둘 사이를 자유롭게 넘나들며 오가는 시간이 너무나 행복했다. 자연히 연구와 실험을 거듭했고, 거기에서 변화와 변신을 터득해 나가게 되었다.

이러한 실험정신은 아버지로부터 일찍 보고 배운 바였다. 그 분은 평생 혼자서 실험하고 연구하여 스스로 새로운 것을 찾아내고 만들어내는 '외로운 과학자' 였다. 그의 작품을 보면 시대별로 선이 그어진다. 평생을 분청 하나로 살아왔지만 시대마다 분청의 기법과 소재, 표현방법이 조금씩 달라지고 있다. 그렇게 하기 위해서는 일에 대한 욕심과 열정이 없이는 불가능하다.

내가 지켜본 아버님의 모습은 그랬다. 나 역시 이 길을 찾아 나서, 지금까지 전국 5곳에 가마를 짓게 된 배경이다. 지금의 장안요는 90년에 지었지만 그 후 문경 동로면 갈박골, 한티버들, 장안사 산골, 전남 고흥 가마골 등에 차례로 가마를 짓고 해보고 싶은 것을 마음껏 구워보고 있다. 지금은 장안요와 고흥 가마를 운영하고 있다.

전통도예는 과학이다. 과학적 사고가 없이는 불가능한 작업이다. 특히 도자기는 실생활에서 쓰여져야 하므로. '용用 의 미美' 가 있어야 한다. 그러기 위해서는 음식물과 도자기의 조화가 필요하다. 담는 그릇, 쓰는 그릇이 돼야 한다. 전통을 기반으로 하여 오늘날의 그릇을 빚어내는 만큼 지난날과 달리 색깔과 질감, 용도 등의 다양성을 추구해야 한다.

전통도예에 창의성, 개성 녹인다

정재효鄭再孝 **조일요**早日窯

울산시 울주군 삼동면 조일리 982 (052)264-3851

부산공예고교에서 도자전공을 한 것이 입문계기였지만 지금까지 '내 것'과의 싸움은 계속되고 있다. 1981년 고등학교를 졸업하자마자 물레를 좀더 배워야겠다는 생각에 이천의 고영제 선생을 찾아갔다. 2년간의 치열한 삶이 전개됐지만, 더 이상 기능인으로 머물 수는 없었다.

일단 더 학교공부를 해야겠다는 생각이 들었다. 책을 잡았지만 도자기에 대한 생각은 머리를 떠나지 않았다. 결국 두 마리 토끼를 잡을 수밖에 없었다. 마침 신정희 선생님 자제이자 공예고 후배인 신경균이 선생님 가마에 있던 관계로 이런 생각을 내비쳤다. 그렇게 하여 83년부터 시작된 선생님과의 현업 인연이 그 후 10년이나 이어졌다. 주경야독晝耕夜讀이거나, 주말 집중작업이었지만 두 가지를 다 해내야 한다는 생각에 시간 가는 줄 몰랐다. 한 번의 낙방을 거쳐 결국 국민대에 입학, 시각디자인을 전공했고 이어 2000년 부산대 교육대학원(미술전공)을 수료했다.

선생님에게서 옛 그릇의 맛을 배웠다. 우리 그릇의 질박한 느낌을 낼 수 있는 흙과 유약, 그리고 그것을 보는 자세와 정신을 배웠다. 거칠고 투박하기 짝이 없는 그 맛은 처음 나를 당황하게 했다. 특히 이천에서 백자와 청자의 깔끔하고 예쁜 멋을 우선 배웠던 나로서는 당연한 일이었다. 하지만 시간이 흐르면서 나 자신이 서서히 변하고 있었다. 참맛을 느끼고 있었다. 또 골동을 보는 눈도 한 차원을 높였다.

옛 사발의 본질에 충실하면서도, 실용성과 '쓰임'에 충실한 '내 것'을 추구해 가는 과정에 몰입하고 있다. 도자기를 사용하는 사람의 성격에 부합하는 따뜻한 정이 있고 질박하며 쓰기 편한 그릇을 만들고 싶다. 그러면서도 그 그릇은 자유분방하고 정감 있어야 한다. 이를 위해서는 작가의 사발을 만드는 곧은 정신과 작업과정의 치열함이 전제돼야 한다. 사실 신 선생님의 곁을 떠나 2004년 조일요를 연 다음부터 이러한 생각은 더욱 간절해지고 있다.

누구나가 만들 수 있는 옛 사발은 많다. 하지만 나만의 개성을 가진, 내가 만들고 싶어 하는 것을 만들 수 있는 용기와 기백, 그리고 창의성이 그립다. 전통기법과 기반에 대한 철저한 공부가 뒷받침된다면 이러한 자신의 개성도 녹여낼 수 있으며, 그런 자세가 바로 오늘의 현시점에서 만드는 전통도자기가 아닐까 한다. 내 스스로가 만족하지 않는데 남이 내가 만든 작품을 어떻게 만족스런 눈길로 보라보며 쓰겠는가? 선생님께서 대학등록금을 아무도 몰래 손에 쥐어주신 이유가 바로 여기에 있지 않을까 한다.

옛 그릇에 한발 더 가까이 다가가는 그릇

신용균申容均 **왕방요**旺方窯
울산시 울주군 삼동면 하잠리 709-1 (052)264-9824

아버님 가마에 입문하여 오랜 세월과 인고의 과정을 거쳐 도예가가 되었다.

1981년 부산해양고를 졸업하고 군입대하기 전까지의 1년 반 동안은 실제 일을 해야 하는 시기였다. 둘째 아들로서 가마에서 놀 때와는 전혀 다른 눈길로 나를 대했다. 당시 외삼촌인 이경효와 물레를 돌리고 있었는데 그들의 채찍도 달랐다. "에이, 배나 타자!" 군 입대 대신에 원양어선을 타는 쪽을 택했다. 자유였다. 넓은 세상이었다. 세계 곳곳을 두루 찾아다니는 '노마드 인생' 이었지만 그 어떤 것보다 마음이 편했다. 7년간이나 배를 타게 된 배경이다.

88년 말 하선을 결심했다. 자유로움만 구가할 나이가 아니었다. 유랑기질도 좋지만, 정착할 항구가 필요했다. 마침 88올림픽을 끝낸 시점에서 집안의 일도 눈코 뜰 새 없이 바쁘게 돌아가고 있었다. 특히 큰형님의 일본진출과 전시회로 가마 일손이 크게 부족했다.

“야, 너 일 좀 도와라.” 형님은 내 마음을 이미 읽었던지 팔을 걷고 나서기를 재촉했다. 못 이기는 척 하고 나섰다. 아버님도 반가워하는 내색이었다. 흙은 바다였다. 출렁임이 작은 바다였다. 쉽게 빠져들었다. 아니, 어릴 때부터의 습習이 배어서인지 온몸을 내던질 수 있었다. 생각의 깊이를 더 할 수 있었다. 이미 망망대해는 아니었다.

어버님은 언제나 “소박하게 정교하게”를 요구했다. 이러한 말씀은 나로 하여금 ‘도자기는 어차피 누군가가 써야하는 기물이자 작품인 만큼 써야하는 사람에게 작가가 다가가야 하고, 그러한 생각과 느낌을 표현할 수 있어야 한다.’는 논리로 전개됐다. 이런 철학은 서서히 ‘내 나름의 도자기’로 발전했고 ‘도자기를 만드는 사기장은 어디까지나 연출가’라는 주장으로 발전했다. 다시 말해 작품을 만드는 실제 주역은 그것을 쓰는 소장가의 몫이라는 생각이다. 어떻게 쓰느냐에 따라 작품도 되고, 밥그릇 개사발도 되는 것이다. 95년 현재의 왕방요를 축조하면서 가장 신경 쓰고 있는 부분이 ‘옛 그릇에 한발 더 가까이 다가가는 그릇’이다.

따라서 사기장은 도자기에 대한 깊은 이해와 작업과정에 대한 밑바탕부터의 체험이 뒷받침돼야 한다고 생각한다. 기본이 돼 있지 않으면 그 위에 그림을 그릴 수 없고, 성장 발전에도 한계가 있게 마련이다. 성실과 열심이 물론 전제가 돼야 하지만 그에 못지않게 중요한 것은 작업 전 과정을 꿰뚫는 이해와 성찰이다. 앞으로 기회가 되면 현재의 가마터에 전통도예의 모든 제작과정을 옛 방식대로 그대로 하는 작업장을 만들고 싶다.

생활자기인 다관과 그릇 만들기 정진

윤창기尹倉基　**창산요**蒼山窯
경남 사천시 와룡399　(055)835-2750

선생님이라기보다는 외삼촌이었다. 고향 삼천포에서 농사일을 하고 있었지만 틈틈이 외삼촌 집을 들르곤 했다. 농사철이 아닐 때는 머무는 시간도 길어졌다. 이미 일에는 이골이 나 있던 만큼 여러 가지 할 일이 많았다. 도자기와는 관계없이 그냥 시키는 대로 이일 저 일을 가리지 않았다. 주로 나무패기와 흙 옮기기, 불때기 등이었다.

농사일이 시작되면 다시 가마에서 내려왔다. 당연히 먹고 살기위해서는 논밭 농사가 우선이었다. 28살 때인 1976년, 외삼촌이 가마를 현재의 양산으로 옮기면서 들락거림은 더 빈번해졌다. 고향땅에서 농사 지어봤자 별 수 있나 하는 생각이 고개를 쳐들기 시작한 것이다.

외삼촌에게 매달렸다. 제발 도자기 일 좀 시켜달라고 두 손을 빌었다. "이 못난 놈, 지금 니가 하고 있는 게 도사기 맨드는기라 안카나." 그러고는 지금부터 장작을 잘게 패놓으라고 지시했다. 장작 패는 것은 전혀 문제가 아니었다. 있는 힘에, 그 동안 다져진 솜씨로 순식간에 일을 마쳤다. 외삼촌은 이를 보고 눈물이 쏙 빠지도록 호통을 쳤다. "누가 군불 때는 장작을 패라캤나! 하기 싫은 놈에게 무슨 도자기고!"

배우기는커녕 혼만 나고 말았다. 그러길 수십 차례였다. 섭섭한 마음에 술도 엄청 마셔댔다. 그러면서도 고향과 양산을 들락거렸다. 79년부터는 다소 뜸해졌지만 안가면 그래도 뭔가가 허전한 느낌에 또다시 가마를 찾곤 했다. 외삼촌이 혼을 낼 때는 그야말로 무서웠다. 성질도 급했지만, 문제는 내 스스로가 잘못했고 그 지적하는 바가 언제나 옳았기 때문에 어찌할 수가 없었다. 그 후 농사일에 전념했지만 생활은 별반 달라지지 않았다.

86년 드디어 일을 내고 말았다. "좋다. 그렇다면 나도 가마를 하나 만들어 봐야지…." 고향마을 바로 인근에 조그마한 가마를 지어 올렸다. 어깨 너머 배운 도둑질을 스스로 한 번 해보겠다는 건방진 생각이었다. 도자기는커녕 밥그릇 한 개도 건질 수 없었다.

그러던 중 양산에서는 동생 한균이의 일본전시회 등으로 그야말로 일손이 부족했고, 고양이 손이라도 빌릴 판이었다. 외삼촌의 전화 한통이었다. "와서 배워라!" 참 오랜 세월의 기다림이었다. 곰삭았기에 받아들임은 오히려 빨랐다.

그 후 현재의 창산요를 일구고 지나간 세월의 손길을 다듬고 있다. 다만 특별한 기법이나 연구 이전에 생활자기인 다관과 그릇 만들기에만 매달리고 있다. 취향에도 맞고, 내가 가장 잘 할 수 있는 일이기 때문이다.

기氣의 기器 살리는 전통도예 이을 터

신봉균申奉均 **지랑요**旨郞窯

울산시 울주군 삼동면 조일리 543 (052)875-2721

대학에서 문헌정보학을 전공하여 1984년 졸업했지만 당시의 취직 상황이나 미래직업 방향 등을 놓고 볼 때 역시 가업家業인 도자기만한 것이 없다는 생각이었다.

막상 마음을 굳히고 전통도예에 뛰어들었지만 결코 빨리 가거나, 서두를 생각은 없었다. 오히려 남보다 늦다는 느낌으로 뚜벅뚜벅 가고 싶었다, 조급해야할 이유가 없었다. 고집스럽게도 전통도예의 제작과정을 옛 방식 그대로 하나하나 처음부터 배우게 된 배경이다.

그런 고집 속에는 세상을 사는 삶의 방식이 디지털보다는 아날로그적이어야 한다는 믿음도 깔려 있었다. 물론 기계화 · 자동화가 효율과 생산성 측면에서는 월등 우위겠지만, 사람의 냄새와 맛을 느끼게 하는 데는 여전히 모자라는 데가 있다는 판단에서였다.

"멀리서 보면 다 똑같은 것 같지만, 가까이 가보면 다 다르지 않느냐. 그 달라짐을 느껴야 한다." 아버님은 언제나 최선을 다해 그 밑바탕을 깨달아야 한다고 가르쳤다. 곁에서 지켜본 아버님의 일관성 있는 고집과 꾸준한 실험정신은 나를 더욱 고무시켰다. 흙은 물론 유약과 불의 성질, 작업의 하나하나 과정에 이르기까지 변화와 차이를 모색해 가는 그 실험정신은 사기장 이상의 감동으로 다가왔다.

위로 형님 3분이 있다는 점도 큰 도움이었다. 각자 나름의 분야에서 이름을 내고 있는 만큼 두루 배우고 느낄 수가 있었다. 특히 둘째 형(신용균)과는 수년 동안 같이 일을 했는데 거기서도 많은 것을 느끼고 배웠다. 기본과 기초인 밑바탕의 중요성이었다. 그 기초체력이 튼튼하지 않고는 더 이상 발전할 수 없다는 교훈도 얻었다. 이런 자세가 돼 있지 않은 친구들은 얼마를 견디지 못하고 가마를 박차고 나가버렸다.

2002년 지금의 지랑요를 열었지만, 아직도 뚜벅거리며 가고 있다. 전통이든 현대도예이든 그 기법상의 차이는 문제가 되지 않는다. 다만 '기氣의 기器' 를 추구하고 해야 하고, 그 기를 오늘의 기법으로 되살리는 전통도예를 고집하고 있다. 따라서 작업과정상의 미묘한 하나하나에도 눈과 귀를 기울이고 있다. 전통기법을 쓰면서 그 전통에 보다 더 가깝게 가기 위해 노력과 시간을 다하고 있다. 중간 과정을 생략한 채 외부의 힘을 빌리는 것과 그렇지 않은 것의 차이는 그야말로 천양지차天壤之差다. 더욱이 작품을 평가하고 판단하는 잣대는 어디까지나 그것을 사용하는 소비자의 입장이므로 그들의 눈이 더 높아지길 기대하고 있다.

한평생 분청 찻사발에 매달리고 싶다

김성철金聖哲 **산내요**山內窯

경북 경주시 산내면 감산리 1655-2 (054)751-8198

"일은 치열하게 배워야 한다. 그리고 힘들게 전 과정을 배워야 한다. 그렇지 않으면 반드시 후회한다." 나는 신정희 선생님께 그렇게 배웠다.

"쉽게 배우면 쉬운 그릇이 나오고, 그릇 자체를 쉽게 보게 된다." 이 말 역시 여전히 내 귓전을 떠나지 않고 있다.

대학에서 축산학을 전공했지만 애시당초 마음은 전통예술 쪽을 향하고 있었다. 학내 서클활동도 문학동호회였다. 1991년 대학졸업과 동시에 6개월 계획으로 전국 도자기 투어에 나선 것도 이런 배경에서 가능했다. 도요지와 함께 유명한 가마를 탐방하는 혼자만의 대장정이었다. 그해 7월28일, 선생님을 찾아 뵈었다. 하나부터 도제수련이 시작했다. 흙 밟기에서 시작하여 장작패기, 유약 만들기, 물레 돌리기 등 차례차례 한 단계씩 배워갔다. 아예 집에 왔다 갔다 하는 시간도 아까워 작업실 옆방에서 잠을 청했다. 94년 결혼 후에도 일주일에 한 번만 집에 갔다. 이때가 행복했다.

나는 지금도 도자기에 관한 한 작업과정을 어느 한 곳이라도 생략하고 배워서는 안 된다고 믿고 있다. 스스로가 모든 것을 준비하고, 처리할 수 있어야 한다. 힘들어도, 그리고 아무리 시간이 걸리더라도 반드시 그 길을 걷는 것이 가장 빠른 길이라고 생각한다. 또 한 분야의 모든 그릇을 빚을 수 있어야 한다. 그런 점에서 선생님께 늘 감사드리고 있다.

선생님은 "흙에서 꼬신내를 느껴야 한다"고 입버릇처럼 말씀하셨다. 96년 준비 과정을 거쳐 97년 지금의 산내요를 축조했다. 하지만 가마를 준비해 놓고도 6개월 동안 흙 자체를 만지지 못했다, 무슨 열병 같았다. 시름시름 앓다가 어느 날 선생님의 가마를 찾아 작업장을 들어서는 순간, 정말 콩고물맛 같은 흙냄새가 코를 찔렀다. 그만큼 간절히 흙이 그리웠던 탓일까?

나는 지금도 하루 8시간 이상을 꼭 작업장에서 지낸다. 쉬어도 작업장을 고집한다. 습성화되지 않으면 마음과 눈에서 멀어진다. 선생님께서 어느 날 "40년을 했는데도 모르겠다…"하시며 푸념한 적이 있었다. 그 심정의 조금을 지금에야 헤아릴 것 같다.

"선생님의 절반만이라도 따라가자." 내가 지금 생활자기 등을 팽개치고 오직 분청 찻사발에 매달려 있는 이유이기도 하다. 다만 같은 눈길이라도 진눈깨비 눈길과 싸락눈이 내린 길, 함박눈이 온 길이 각각 다르듯, 같은 분청자라도 느낌이 다른 '느낌'을 찾아 실험과 연구를 계속하고 있다. 분청이야말로 '눈'이라고 생각한다.

천하장인天下匠人의 예술혼 잇고 싶다

최현대崔峴大　**일월요**日月窯
부산시 강서구 봉림동 534　(051)971-8563

내 인생에 있어 지금까지는 1994년 말부터 98년까지의 4년간이 가장 행복했고, 유익했다. 신정희 선생님과 함께 한 시간이었다.

고등학교를 마치고 바로 김해 실천문화협의회에 소속돼 시를 통한 진보적 문화활동을 펼쳤던 나로서는 선생님과의 인연이 전혀 다른 경험의 세계였고, 새로운 삶의 길이었다. 예나 지금이나 시인의 길은 어렵지만 특히 경제적인 무대응이 문제였다. 93년 어느 날, 그동안 줄곧 마셔왔던 찻 사발이 눈길을 사로잡았다. 한 노스님의 소개로 김해 진례에 있는 가마를 찾았다. 성형된 다기에 유약을 발라 구워내는 아주 간단한 작업을 하는 도자기 공장이었다. 열심히 물건을 날랐지만 이건 아니다 싶었다. 6개월 만에 일어서고 말았다. 호주머니에 남은 돈은 겨우 3만8천원. 한국을 대표하는 도자기 대가 명단 10명을 골랐다. 이천과 여주, 광주, 문경 등 전국의 도자기 대가 가마를 하나하나 찾아 나섰다. 대궐 같은 집만 바라보고 등을 돌려야 했다. 몇 분은 내 손을 잡아주었지만, 인연은 아니었다. 마지막으로 찾아온 곳이 신정희도요였다. 마침 선생님 방의 탁자에는 분청 찻잔 50개가 가지런히 놓여 있었다. 나의 걸음을 멈추게 했다.

선생님의 일거수일투족을 배우려고 했다. 일가一家를 이룬 대가를 그대로 닮고 싶었다. 그의 삶의 방식과 예술혼을 따르고 싶었다. 선생님의 틀 속에 완전히 들어갈 수 있기를 희구했다. 들어가서 깨치고 나와야만 큰 깨우침이 있을 것으로 믿었다. 이미 시를 통해 세상을 아름답게 바꾸겠다는 혁명적 사고를 한때 가졌던 나로서는 깨침의 길이 치열하면 할수록 매력적이었다. 시간이 갈수록 모든 작업의 오묘함이 가슴을 파헤쳤다. 그릇을 빚은 후 말리는데도 공기의 흐름에 따라 시간차가 났다. 불의 세기와 색깔은 그 민감함이 인심을 뛰어넘는 수준이었다. 그런 하나하나의 느낌과 다가옴이 나를 희열의 경지로 움켜쥐었다. 선생님은 '대음무성'大音無聲으로 나를 이끌어주신 그야말로 '천하장인'天下匠人이셨다. 나 역시 천하제일이 되기 위해서는 내 스스로가 경지에 들어갈 수밖에 없었다. 4년 만에 선생님의 곁을 떠나 98년 가마를 세웠다.

마음으로 사발을 빚는다. 그리고 귀한 영혼이 담긴 그릇을 가장 존귀한 값어치를 가진 사람의 손에 넘겨주는 작업을 해내고 있다. 특히 모든 작업과정에서의 음악적 요소가 잘 배어들고 융합할 때 진정한 작품이 나온다고 믿고 있다. 아직은 부족함이 불꽃을 지피고 있다. 특히 고대 신농神農씨가 풀 맛을 보고 독초인지 약초인지를 알았듯이 유약을 체계적으로 정리해 보고 싶다는 생각에 재를 씹고 있다.

사발은 내 종교이다

장상철張相哲

경남 양산군 하북면 지산리 574 신정희요 (055)382-6616

1988년 신정희요에서 도자기와 처음 인연을 맺었지만, 잠시 다른 길을 걸었다. 하지만 길게 가지 못하고 또다시 이 길로 되돌아오고 말았다. 무엇에 씌었는지는 모르지만 운명이라 생각한다.

당시 막 결혼했던 집사람과 상의를 한 결과, "당신이 좋아서 하는 길인데요…"라는 그 한마디에 힘을 얻어 모든 것을 정리하고 이곳으로 다시 들어오게 되었다. 선생님과는 사돈관계인 만큼 남들보다는 비교적 쉽게 이 길을 결정했을지도 모르겠다.

96년 한 여름 장마철, 가마에 불을 넣었을 때였다. 여기에 다시 들어온 지 2년차였다. 기물을 많이 쟁임할 욕심에 1번에서 9번 칸까지 가득 집어넣었다. 불을 지피기 시작했지만 시간이 꽤나 지났는데도 굴뚝에서 연기가 전혀 피어

오르지 않았다.

"아니, 이럴 수가…." 처음 당한 일이라 우선 당황할 수밖에 없었다. 도대체 이유를 알 수 없었고, 어떻게 손을 써볼 수도 없었다. 머릿속이 하얗게 돼 아무런 생각도 나지 않았다.

신정희 작

잠시 뒤 선생님께서 나오셔서 다급하게 큰 소리로 외쳤다. "정신을 어디다 두는 기고. 빨리 칸 구멍을 다 열어라."

칸 구멍이 굴뚝 역할을 하도록 긴급 지시했다. 그렇게 하여 78시간 동안 불을 때게 되었다. 처음 당한 일이었지만 이 일로 나는 많은 경험을 했다.

선생님은 초로初老의 연로하신 나이임에도 불구하고 지금도 사발에 대한 열정은 그 누구도 따르지 못할 정도이다. 언제나 "이것은 내 종교이다"는 말을 입에 달고 계신다. 그만큼 일에 대해서는 고집스럽고, 엄격하시다. 나는 지금도 불을 때고 난 후 구워진 도자기를 꺼내기 직전이면 자못 불안한 마음이 가득하다. 어딘가로 도망이라고 가버렸으면 하는 생각이 들곤 한다.

하지만 선생님의 해맑은 웃음을 볼 때면 이러한 생각도 언제이냐 듯이 금방 사라지고 만다. 가끔 통도사 입구 마을에 내려가 커피 한 통을 직접 사들고 와 "이거 한 번 먹어봐라"하시며 내미는 모습에서 나는 마음을 확 풀어헤치고 만다. 너무나 푸근하고 서민적인 채취를 지닌, 또 다른 선생님 참모습이다. 그는 일에 대한 엄격함과 함께 인간적인 따스함을 동시에 지닌 참다운 스승이자, 영원한 도예가이시다.

'흙의 향기' 나는 건강한 그릇 만들 것

김춘헌金春憲 언양도예彦陽陶藝

울산시 울주군 상북면 덕현리 산 209-1 (052)254-0052

고향이 언양인지라 어릴 적부터 사금파리를 많이 대했다. 옛 도예터와 사찰들이 많았던 탓인지 당시만 해도 비가 한바탕 쏟아진 후에는 눈길을 사로잡는 도편陶片들을 어렵지 않게 발견할 수 있었다.

중 · 고교를 서울로 유학했지만 도자기에 대한 미련과 향수는 여전했다. 졸업 후 도자기공방에 몸을 담고 있으면서 수시로 양산의 신정희 선생님 가마터에도 들락날락거렸다. 작품을 구입하는 소장자의 입장이었다. 그러던 중 1995년 자연스레 눌러 앉아버렸다. 도자기 연구에 빠져 있던 큰아들 신한균을 따라 당시 문하생이던 최현대 씨 등과 전국 도예지를 숱하게 싸돌아다녔다. 도자기를 눈과 손으로 대하던 차원에서 귀와 가슴으로 접하게 되었다. 또 다른 개안開眼이었다. 당시 집어른의 영향으로 나무가꾸기와 분재, 수석 등에도 각별한 취미를 갖고 있었기에 옛 사발의 향취도 남달리 살갑게 전해졌는지도 모를 일이었다.

하지만 넘치면 설익는 법. 물레를 찰수록 마음은 딴 곳으로 향했다. 향하는 곳이 딱히 있는 것도 아니었지만, 늘 상 뭔가가 비어 있었다. 그 탓으로 선생님께 야단도 많이 받았다. 젊은 나이의 번민은 결국 술과 늦잠으로 이어지게 마련이었고, 선생님은 야단 이전에 인간됨을 더 요구하고 꾸짖었다. 지금 생각해도 그때 왜 그랬던가 싶다. 91년 창원KBS 전시회 때 드디어 일을 냈다. 그날 아침 작품을 날라야 하는데 아니나 다를까 전날의 늦은 술자리로 인해 늦게 도착한 것이다.

"딴 데로 가라. 여기서는 더 이상 가르칠 것이 없다!" 신 선생님은 그 한마디를 남기고 전시장으로 향했다. 그날 오후 뒤늦게 전시장에 도착하자, 선생님은 내 두 손을 꼭 잡아주셨다.

꽤나 긴 세월을 가슴을 안고 뒹굴었지만 그럴수록 순수함을 더 그리워하게 되었다. 내 마음과 가슴이 원하는 대로 따르면 작품이 이뤄진다는 생각이다. 한 스님께서 내려주신 토운土芸, 즉 '흙의 향기' 라는 아호를 마음에 깊게 담고 있다.

98년 선생님의 곁을 떠나 하산 길에 나섰지만 당시의 IMF 등으로 숱한 시련의 연속이었다. 큰 물결이 흘러간 지금, 이제는 세월을 빚으며 마음을 담고 있다. 군에서 취사병을 한 탓인지 나는 식기류와 찻그릇에 대한 생각이 분명하다. 고온에 굽힌 가장 건강한 그릇이 바로 지금 하고 있는 작업이고 작품이다.

무념무욕無念無慾의 겸손한 도자기 빚는다

이경훈李炅勳 이경훈도요 李炅勳陶窯

경남 하동군 금남면 대치리 658-1 (055)884-1128

국화꽃을 피우기 위해 소쩍새가 그토록 울었듯이, 나 역시 도자기와의 만남을 위해 그토록 긴 세월 동안 번민과 고민으로 지샜다. 부친(일석 이재승一石 李在勝)이 서예가인 만큼 문화적 소양과 향취는 남달랐다. 하지만 대학을 이공계로 진학하면서 고통의 나날이었다. 1992년 2학년 가을 학기를 끝으로 일본 유학길에 오르고 말았다. 과목도 경영학으로 바꾸었다. 시간은 흘러갔지만 막상 공부 성과는 지지부진하기만 했다. 초조할 뿐이었다.

5년 10개월간의 일본생활을 청산하고 97년 말, 귀국했다. 나를 기다리는 직장은 모 정당의 중앙당 사무국원이었다. 정치판에 이름을 내건 셈이다. 이건 아니라는 생각에 98년 봄, 전국 유명 도예가를 찾아 나섰다. 3달 동안 무려 40곳의 가마를 찾아 헤맸다. 가슴 속에는 '역사의 숨결이 살아 숨쉬는 전통도자기를 통해 내가 진정으로 원하는 자유로운 삶을 찾자'는 목표 하나였다.

방랑의 종착역이 바로 신정희요였다. 99년 초, 선생님의 문하에 첫발을 내디뎠을 때 별 말씀이 없으셨다. 가만 내 얼굴을 쳐다보시며 고개만 끄덕일 뿐이었다. 그 이유를 한참 뒤에야 알았다.

"갱훈아, 소박하니 해라. 도자기에 너를 집어넣으려고 하지 말고 무념무욕無念無慾으로 겸손한 도자기를 빚어라." 선생님께선 내가 아직 마음을 비우지 못하고 있음을 이렇게 타이르셨다. 그 말씀은 곧 나를 일깨우는 주장자拄杖子였다.

선생님은 작업장에서든, 전시관에서든 도자기를 그냥 흘낏 쳐다보며 지나치는 법이 없었다. 그 눈길은 언제나 깊고 아련함으로 젖어 있었다. 그 만큼 도자기를 사랑하고 있었다. 그래서 그는 누구에게나 떳떳하게 "그렇소. 나는 그릇 만드는 도공이요!"하고 자신을 내보였다. 다만 "내가 대한민국 최고"라는 독선의 표현이나 말을 들어본 적은 없으며 언제나 하심下心할 뿐이었다. 살다보면 누구나 선생이라 부를 수 있는 사람을 만나게 되지만, 누구나가 스승을 만날 수 있는 것은 아니라고 했다. 그런 의미에서 나는 참 복을 받았다고 생각한다.

5년간의 수련기간을 거쳐 2004년 전통등요가마와 자연유 불때기가마를 결합한 5칸짜리 장작가마를 축조하고, 그 이름을 '이경훈도요'라 붙였다. 자연유 쪽이 일반 도자기에 비해 장작 소요량이 2,3배 정도 더 들지만 아는 이쪽이 가장 원시적인 색감과 함께 솔직한 표현이 가능한 도자기로 내 마음을 이끌고 있다.

옛 사발 기법을 따른 '현실의 그릇'

김용섭金容燮 **백운도원**白雲陶院

울산 울주군 두서면 내와리 497 (011)866-8987

서양화를 하고 싶었다. 하지만 미술대 진학이 이뤄지지 않으면서 82년 23살 때부터 조소도벽陶塑彫塑을 하는 모자이크 타일회사에 몸을 담았다. 83년에는 일본 나고야 인근의 카이잔 가마에서 연수를 받으며 선진기술을 익히기도 했지만 늘 머리를 떠나지 않는 것이 옛 사발에 대한 열병이었다.

불혹不惑을 넘긴 42살 때, 집사람에게 내 가슴을 열어 제쳤다. "여보, 나 이제 사발로 가고 싶소!" 집사람은 당시 다른 힘든 일을 하면서 나를 도와주고 있는 입장이었는데 더 큰 짐을 떠넘긴 것이다. 아무 말이 없었다.

2001년 3월 신정희 선생님을 찾아 나섰다. 진정한 사기장의 길과 생각을 배웠다. 삶의 자세는 군건함과 경건함으로 다가왔다. 참 고마운 인연이었다. 그 전까지 머리로만 알고 있던 옛 사발을 마음으로 느끼게 해 준 과정이었다. 나는 작품을 평가하는 가장 손쉬운 방법은 그 작가의 삶, 즉 사는 모습을 보면 된다고 생각한다. 그것은 선생님을 통해 배우고 느낀 바였다.

분청의 멋과 맛에 깊숙이 빠져들면서 2003년 4월에는 카라츠야끼를 하는 큐슈의 타나카 사지로 선생의 가마를 두드렸다. 서로 뜻이 맞아 2004년 가을 귀국하여 둘이서 울주 석남사 부근에 가마를 축조했다. 이어 그 무렵 내 나름대로 준비하고 하나씩 축돌을 쌓아올려 오늘날의 백운도원과 가마터를 준비하게 되었다. 시작은 이처럼 긴 세월을 필요로 했지만 작품에 대한 열정은 하루하루가 새롭기만 하다.

옛 사발을 재현하기 위해 그 기법을 따르고 있지만, '현실의 그릇' 으로 만들어야 한다는 생각이다. 그릇은 음식물을 담고 그것을 통해 자신과 가족이 건강한 삶을 누릴 수 있게 하는 매개체이다. 그러므로 가장 소중한 생활도구이다. 쓰여지는 생활자기가 되지 않으면 안 된다. 두고 보는 차원을 넘어서야 한다. 그리고 그 그릇을 대하는 사람을 잠시라도 선하게 만들고, 또 편하게 해 줄 수 있는 작품을 만들어야 한다는 생각이다. 따라서 그릇을 만드는 작가 자신의 구도자적 자세와 삶을 더욱 희구하게 된다. 흙과 불을 대하면서 '완성된 인간의 삶' 에 대한 생각은 더욱 깊어만 간다. 불을 뗄수록 더욱 긴장되고, 두렵다는 생각까지 느끼게 되는 것도 결코 우연은 아닌 듯 싶다.

마음으로 흙을 빚는 사기장으로

이충우李忠祐

경남 양산군 하북면 지산리 574 신정희요 (055)382-6616

십년이 넘는 사문寺門의 길을 뒤로하고 도자기를 배우기 위해 이곳 가마의 문을 두드렸을 때가 아직 뇌리에 선하다. 불가의 생활이 늘 차를 가까이하고 또 그 속에서 깨달음의 이치를 찾는 것이기에 익히 신정희 선생님의 존함과 소박하면서도 기품이 있는 작품세계를 알고 있었다.

또 선화禪畵를 그리시는 숙부님께서도 늘 "난 말이야, 내가 붓을 잡지 않았더라면 아마 지금쯤 도자기를 빚는 사기장이 돼 있을 걸"하시며 껄껄 웃곤 했다. 나로서는 이러한 주변 분들의 영향이 컸기에 자연스레 도자기의 길에 매료되었고, 이 길을 택하게 된 것이리라.

인연이란 참 묘한 것이다. 그 무엇으로도 거역할 수 없는 불가항력의 무언가에 이끌려 이곳 가마에 처음 찾아뵙던 날, 선생님은 단 한마디로 나를 격려해 주셨다.

"불가에서의 생활보다는 사기장의 길이 더 쉬울 것이네. 하지만 그 가고자 하는 길이 두 쪽 모두 자기를 완성시켜 나간다는 점에서는 마찬가지일 걸세."

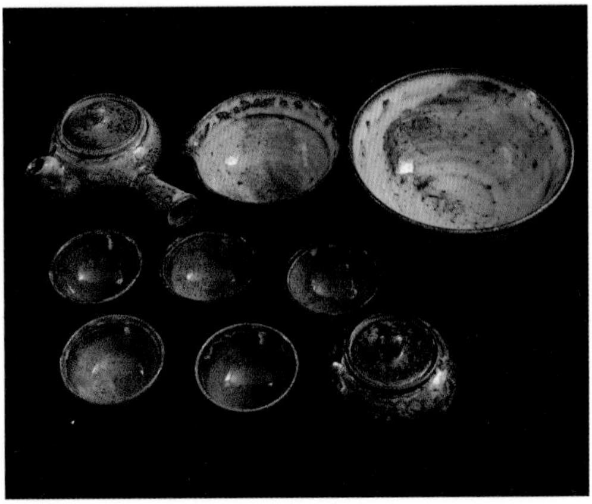
신정희 작

두 손을 꼭 잡고 한 번 열심히 해보라며 격려해 주시던 그 손길과 그 말씀이 지금도 뇌리에 생생하다.

2007년 현재, 벌써 6번째의 봄의 맞는다. 이젠 일을 조금 알 때가 된 게 아닌가하는 생각이 들다가도 선생님의 모습만 뵈면 금방 그러한 생각이 언제였냐는 듯이 사라지고 만다. 하나라도 더 가르쳐 주기 위해 안간힘을 쓰시는 선생님을 뵈면 마음자세를 다시 고쳐잡고, 나 스스로를 거듭 일깨우게 된다.

지독히도 무덥던 여름 어느 날, 봉통불을 달았는데 어찌된 일인지 불이 잘 들지 않았다. 옆에서 지켜보고 계시던 선생님께서 "그렇게 할라모 도자기를 말라꼬 배우노"하시며 눈에서 눈물이 쏙 빠질 정도로 꾸지람하셨다. 물론 그 이후로는 이러한 실수를 두 번 다시 거듭하지 않게 되었다. 지팡이에 몸을 의지한 채 작업현장을 살피시는 선생님을 볼 때마다 나도 저 위치가 되었을 때 저렇게 일에 대한 열정과 정열을 다할 수 있을까 하고 생각하면 괜스레 송구한 마음이 앞선다.

스승님의 열정과 신념 그리고 도자기가 당신의 종교라고 하신 그 마음을 배우며 나 역시 닮아가고 싶다. 또한 머리가 아닌 마음으로 흙을 빚는 사기장이 되고 싶다.

‘대중과 호흡’할 실험과 도전정신

김원렬金源烈

경남 양산군 하북면 지산리 574 신정희요 (055)382-6616

내 고향이자 사는 집이 신정희 선생님 가마 바로 윗동네였다. 자연히 어릴 때부터 가마터를 자주 기웃거렸다. 중 2학년 때, 신 선생님께서 아버지와 함께 우리 집을 잠시 들렀다. 대청마루에서 있던 나를 보고, 선생님은 “아, 맞다. 재가 그림을 잘 그린다캤재?” 하시면서 가마로 놀러오라고 했다. 흥얼거리면서 가마로 달려가자 깨진 달항아리를 내주시면서 그림을 그려보라고 했다. 이를 계기로 가마 출입은 무시로 이뤄졌고, 자연히 도자기와 친숙해 지게 되었다. 그리고 어깨 너머로 본 물레돌리기에서 불때기까지의 과정이 어느덧 눈에 익혔고, 손에 길들여지기 시작했다.

대학에서 서양화를 공부했지만 생각은 늘 딴 데로 향했다. 대학 졸업 후 건축 관련 직장을 구했지만 경제적으로도 그렇고, 취향에도 맞지 않았다, “내가 하고 싶은 걸 하자!” 결국 1998년 신 선생님의 자제이자 도예가인 신경균 작가의 장안요에 몸을 담았다. 3년간의 훈련과 습작과정을 거쳐 2001년 신 선생님의 문하생으로 본격 입성했다.

신 선생님은 '옛 사발로 살아온 인생' 이라 할 정도로 사발을 삶의 종교이자 철학으로 삼고 계신 분이다. 팔순의 연세에도 불구하고 매일같이 작업장에 나와 제자들의 일손을 지켜보고 계신다. 대가大家의 길에 절로 고개를 숙이지 않을 수 없다.

신정희 작

옛 그릇이든, 현대의 그릇이든 소재와 형태, 그리고 용도는 크게 바뀌지 않는다. 하지만 옛 것을 옛 그대로 재현하고 만드는 것이 과연 무슨 의미가 있을까? 계승하고 발전시키는 방법은 결국 지금 쓰는 사람의 눈높이에 맞도록 현대화하는 작업이다. 시간이 갈수록 내 마음을 괴롭히는 것은 이러한 뭔가에 대한 도전과 실험욕구이다.

흙이 삭아지는 정도를 경험으로 알 수 있듯이 결국은 스스로를 푹 곰삭이는 과정이 중요하다고 본다. 과거가 완전히 이해되고, 분해되어야 오늘날의 새로운 옛 사발이 재현될 수 있다. 흙과 유약에 매달리고 있는 이유도 바로 여기에 있다. 성격과 성향이 다르듯 스승과 제자의 작품도 개성적인 측면에서는 다를 수밖에 없다. '나만의 세계' 를 찾기까지는 수없는 실험의 반복과 그에 따른 시간과의 싸움이 필요한데 인내와 노력만이 그 길을 안내할 뿐이다.

예술성을 우선해야겠지만 상업성도 현실적으로 중요하다고 본다. 병행하고 병존하는 방법을 찾아야겠지만 그 기준은 어디까지나 '대중과의 호흡' 일 것이다. 사발 자체에 무한한 애정과 묘미를 느끼고 있는데 앞으로의 작업에서 무지無地의 멋을 현대화시켜 나갔으면 한다. 흙과 소재의 다양성 측면에서 좀 더 깊은 연구를 해볼 생각이다.

그릇에 마음 담는 일 다시 시작할 터

주월호朱月浩

경남 양산군 하북면 지산리 574 신정희요 (055)382-6616

중학교를 도중에 그만두고 뛰어든 가마 인생이 지금까지 이어지고 있다. 당시 인천에 있는 조그마한 동네 도자기 가마에서 심부름 작업부터 시작했다. 서당개 3년이면 글월깨나 읊조린다는데 나 역시 3년 만에 도자기의 본고장인 여주 · 이천에 입성했다. 여러 곳을 두루 다녔다. 이곳도 모자라 전라도 강진도요지를 찾아 청자 가마에도 이름을 걸었다. 하지만 당시로서는 어디를 가나 주어지는 타이틀은 '일꾼'이었고 대접 또한 일당 작업꾼이었다. 1996년 30살의 나이에 떠돌이 생활을 청산하기 위해 정착한 곳이 양산 내원사 부근의 작은 가스 가마공방이었다, 친구가 경영하던 곳이었다. 이곳에서 결혼도 했고, 생활의 안정도 어느 정도 이뤄갔지만 당시 귀를 따갑게 들었던 것이 신정희 선생님의 옛 시발 이야기였다.

전국을 떠돌아다니며 각 지방 도자기를 이미 익혔고 만들어 냈던 나였지만, 분청자기에 대한 경험은 전혀 없었다.

“좋다, 한 수 배워보자.” 97년 선생님 집의 문을 두드렸다. 작업과정은 이미 눈에 익은 것이었고, 다만 흙과 유약의 준비과정에서 나름대로의 특성을 가지고 있었다. 2년 만에 독립을 선언했다. 조일요(정재호 작가)의 가마 한 곳을 빌려 스스로 불을 때기 시작했다. 하지만 생각대로 일이 이뤄지진 않았다. 다시 2년 만에 손을 털고 나와 양산에 있는 한 가스 가마를 임대해 전통도예 굽기에 도전했다. 이것 역시 재미는커녕 힘만 들었다. 그 뒤 언양에서 가마터를 다시 임대해 열어 봤지만 여전히 성공의 기대는 빗나가고 말았다.

신정희 작

2006년 가을, 나는 10년 만에 다시 신 선생님 가마의 문을 두드렸다. 어디에서, 무엇이 잘못됐는가를 숱한 눈물로 되씹었다. 그것은 그릇의 바깥에 있는 것이 아니라 안쪽 마음이었다. 어릴 때부터 다져온 손가락 기술은 누구에도 자신 있었지만, 정작 도자기를 빚는 마음에는 문을 열지 못하고 있었던 것이다. 선생님은 이런 나를 측은한 마음으로 받아주셨다. “니가 가장 잘하는 일부터 다시 해라. 잘한다는 생각을 지우고, 왜 잘해야 하는지를 생각해라.”

따끔한 충고였다. 손길에 마음을 담는 일을 다시 시작했다. 분청자기와 옛 사발을 보는 눈도 서서히 달라지기 시작했다. 찻잔과 항아리를 대하는 호흡이 길어졌다. 그동안 많은 것을 느꼈고, 배웠다. 손재주를 믿고 덤빈 세월의 대가치곤 혹독한 추위였다. 손놀림은 누가 다소 빠르냐, 그렇지 않냐의 차이이지만 작품을 대하는 마음은 그 깊이를 헤아릴 수 없을 정도의 차이가 있다. 깨달음은 시작을 의미한다. 다만 한 우물의 깊이를 더하다보면, 그리고 열심히 성의를 갖고 대하다보면 길을 열린다고 믿고 있다. 그 길로 지금 가고 있다.

06

"흙과 유약, 그리고 불이야기"

-사기장 신한균

아직도 마지막으로 남은 일이 한 가지 더 있습니다.

작품을 선별해 내는 일입니다,

잘못된 작품을 제 손으로 야박하게

깨버려야 하는 것도 이 때의 아픔입니다.

이 작업이 모두 끝나야 가마의 불때기 작업이

모두 끝나게 됩니다.

그야말로 긴 시간이었습니다.

아버지께 터득한 사기장의 혼 이야기

신한균申翰均은 사기장 신정희申正熙 선생의 장남으로 현재 '신정희요'를 이끌고 있다. 1960년생. 그는 도자기에 묻어 있는 일제잔재를 청산하기 위해 '우리 옛 그릇 이름 찾기 운동'을 전개하고 있다. 또 일본학자들이 왜곡한 우리 도자 역사를 바로잡고, 미술학자들이 미처 바로 깨닫지 못한 도자기의 본질을 깨우치기 위해 노력하고 있다. 이런 내용을 담아 2005년 『사기장 신한균의 사발 이야기』(가야넷 출판)를 출간했으며, 2007년 일본어판(바시리코 출간)으로도 나왔다. 이어 임진왜란과 도자기를 다룬 '사발전쟁'을 장편소설로 발표했다. 다음 내용은 『사발 이야기』 출판 전의 원본을 중심으로 재편집한 것이다.

(1) 좋은 도자기는 어떤 도자기인가?

도자문화는 우리나라 전통문화를 대표하고 있는데, 이는 수세기에 걸쳐 점차적으로 발전한 끈기 있는 우리민족의 결과물입니다. 우리는 전통적 사회구조에서 갑자기 닥쳐온 격동의 세월을 헤쳐 나가면서 새로운 것을 많이 얻기도 했습니다. 그러나 좋은 것을 잃은 것도 많습니다. 그리고 언제부터인가 새것만을 최고로 여기는 풍조가 세태에 만연합니다.

대학 강의 중에 이런 이야기를 들었습니다. 한국의 한 대학 총장이 대학간 교류추진을 위해 대만을 방문해 그곳 국립대학 총장의 집에 초대받아 갔다고 합니다. 총장은 맛있는 중국 요리를 내 놓았습니다. 그런데 초대됐던 그 총장은 한국을 무시한다고 갑자기 화를 냈다고 합니다. 이유인 즉 요리와 차를 담아 내놓은 식기와 다기가 거의 깨지거나 금이 가 있었기 때문입니다.

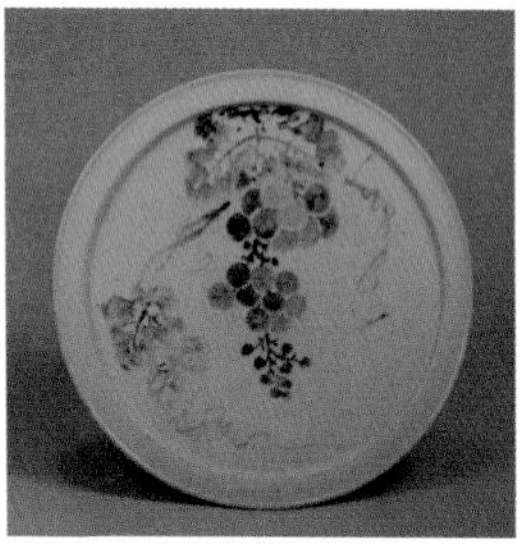

조선 철화백자 접시
아타카 콜렉션

중국의 청화백자 접시
아타카 콜렉션

일본의 청화백자
규슈 도자문화관

대만 대학의 총장은 깜짝 놀라며 이렇게 말했다고 합니다. "이 그릇들은 조상 대대로 물려받은 우리 집안의 가보입니다. 우리가 본토

(중국)에서 대만으로 피난 올 때 이것만은 지키려고 정말 애썼지요. 우리와 같은 도자기 나라, 한국에서 귀한 손님들이 오셔서 특별히 귀한 도자기를 내 놓았습니다"라고.

급격한 시대 변화를 겪은 우리 민족은 엿장수에게 옛날 도자기나 옛 고가구들을 팔아 열심히 플라스틱 제품을 사들였고, 그 뒤에는 스테인리스 그릇과 하얀 '왜사기' 등을 애지중지 사 모았습니다. 경제성장을 하자, 이번에는 서양의 유명 브랜드 도자기와 복고풍인 전통 도자기에 관심을 갖기 시작했습니다. 그리하여 왜사기에 밀려 맥이 끊어졌던 전통 도자기의 재현이 시작되었습니다.

예술 도예에는 손맛과 향기가 배어 있다

다양한 도자기의 등장으로 우리들의 도자기 선택 폭은 넓어졌습니다. 하지만 도자기를 보는 시각, 즉 도자기를 판단할 수 있는 심미안은 혼돈의 시대에 빠지게 되었습니다. 여기서 혼돈의 시대라고 하는 것은 산업 도자기(회사 도자기)와 도예가의 작품 도자기를 구별하지 못하는 것을 말합니다. 다른 말로 하면 산업 도자기와 도예가의 작품을 같은 종류의 물건으로 보고, 같은 잣대로 비교한다는 것입니다. 우리의 도자 문화가 한때 세계 최고였다는 것은 우리나라 사람이라면 다 알 겁니다.

그러면 산업 도자와 도예가의 작품 도자기의 차이점을 설명해 보겠습니다. 산업 도자기는 시장을 만족시키기 위해 대량생산을 전제로 기계로 만듭니다. 기계로 만들기 때문에 당연히 손맛은 없습니다. 또한 하나의 상품이기에 산업 도자기는 과학적 데이터를 가지고 생산성을 따져 만들고 더 많은 소비를 위해 오로지 상품 그 자체로서 만듭니다.

도예가의 작품은 개성과 자기만의 철학을 가지고 영감으로 빚습니다. 산업 도자기는 쓰는 도자기로서의 실용성을 충족시키려고 노력하지만, 작품 도자기는 쓰면서 그 작품의 맛을 느낄 수 있도록 감성적으로 만듭니다. 도예가는 작품을 통해 자기의 개성과 철학을 전달하려고 애씁니다.

도예가의 작품은 인간의 심성을 표현하는 손맛이 들어 있습니다. 다른 말로 하면 도예가의 작품은 사람의 향기가 배어 있습니다. 그리고 상품 도자기는 미래에 가격이 오르는 일이 거의 없지만, 도예 작품은 미래에 고가품이 될 수도 있습니다.

한 사회의 예술 형태는 그 문화의 결정체입니다. 그러면 우리의 도자 문화를 발전시킬 무슨 방법이 없을까요? 도자 애호가들이 좋은 도자기를 판단하는 안목을 높인다면 그것이 우리 도자 문화를 향상시키는 가장 빠른 지름길이라고 저는 생각합니다.

어떤 도자기가 좋은 것이냐? 이것을 한마디로 말하기는 어렵습니다만 사기장인 내 나름대로 좋은 도자기에 대해 말해 보겠습니다. 가장 좋은 도자기란 어떤 것인가? 부모나 혹은 인연이 닿은 사람들이 애지중지 사용하던 것을 물려받는 것이 첫째입니다. 두 번째는 자기가 직접 만든 것입니다. 그것이 힘 든다면 자기가 디자인을 하거나 그림이라도 그려서 사기장에게 도움을 요청해 보십시오.

도자기를 구입할 때는 관상용(진열한 후 감상하는 것)이라면, 그것이 놓여질 위치와 그곳의 분위기를 고려하여 도자기를 택하십시오. 만약 쓰는 도자기라면, 어떤 요리에 또는 어떤 꽃에 어울리는가를 생각하십시오.

大代를 물려 쓰는 도자기가 가장 좋다

만약 그 도자기가 비싼 가격인데도 마음에 든다면 비싼 이유를 정확히 확인하십시오. 그림도 아주 비싼 것이 있지요? 현대에 빚는 도자기도 작가에 따라 아주 비싼 것이 있습니다. 요즈음 일부 사기장의 쇼 비즈니스 행위가 많습니다. 이웃 일본에서는 아무리 뛰어난 명작이라 해도 작가의 경력 30년이 안 되면 값이 그렇게 비싸지 않습니다. 값이 오른다 해도 점차적으로 조금 씩 조금 씩 매년 오릅니다.

장작 가마라서 비싸다고요? 저도 장작 가마로만 작품을 빚습니다. 그러나 장작 가마로 도자기를 빚었다고 해서 절대로 명품은 아닙니다. 가스 가마에도 좋은 작품이 얼마든지 나올 수 있습니다. 가마를 따지기 보다는 만든 사람의 실력을 냉정히 평가해야 합니다. 다만 같은 수준일 때는 장작 가마에 더 많은 점수를 주십시오.

그러면 전통 도예와 현대 도예의 차이점은 무엇일까요? 그림에도 한국화가 있고 서양화가 있습니다. 한국화가 전통 도예라면 서양화는 현대 도예라 생각할 수 있습니다. 한국화를 그릴 때, 한국화 기법으로 새로운 것을 그려야지 그 기법으로 옛 그림을 똑같이 베낀다면 안 되겠죠? 다시 말하면 전통 도예는 전통 도자기 기법으로 만드는 지금의 도자기를 말합니다. 현대 도예는 도자기 재료(예를 들면 흙, 유약)를 이용해 이미지를 전달하는 조각과 같은 유형의 예술입니다.

맛있는 요리가 완성이 되면 누군가가 먹어야 합니다. 도자기를 완성시키는 것은 사기장이지만, 아무리 명품이라도 시집(파는 것)을 보내 사용하도록 하는 것은 운명에 달린 일입니다. 요리와 도자기의 차이점으로, 요리는 그 때 먹지 않으면 상하지만 도자기는 천년만년 간다는 점입니다. 맥도날드 같은 인스턴트식품을 요리라고 하지는 않죠? 산업 도자기(회사 도자기)는 도자 예술에서 인스턴트식품이요, 도예가의 작품은 요리사가 직접 만든 요리입니다. 요리를 정성껏 만들어 냉장고에만 넣어 놓아서는 안 되겠죠?

비싼 도예 작품을 구입하여 장롱 속에만 귀하게 보관하는 사람이 있습니다. 도자기는 쓰면서 아름다움을 느끼게 빚습니다. 아무리 좋은 예술품도 돈으로 보고 그 예술품의 가치에 매달려 있을 것이 아니라, 어떠한 예술품도 당신의 인생을 꾸미기 위해 존재한다는 사실을 잊어서는 안 될 것입니다. 좋은 도자기 항아리를 가지고 계신다면 지금 당장이라도 꽃을 꽂아 보세요. 항아리가 새롭게 보일 것입니다.

(2) 도자기는 흙으로 빚는다

1994년 조선 초기의 청화백자 접시가 뉴욕 크리스티 경매장에서 한국도자기 경매로는 최고가에 낙찰되었습니다. 낙찰가는 308만 달러(당시 원화 약 40억원)로 수수료(15%)와 세금(8.25%)이 제외된 금액입니다. 그 당시 한국 도자기 경매사상 최고 가격이었습니다. 이 가격은 일본 경매시장을 뺀 수치입니다. 일본에서는 옛날부터 비밀리에 이보다 훨씬 더 높은 가격으로 경매된 조선사발이 아주 많습니다.

그로부터 2년 지난 1996년 10월, 뉴욕 크리스티 경매에서 또 한 번 조선의 도자기가 큰 일을 냈습니다. 조선 백자철화용문항아리 하나가 당시 가격으로 942만 달러(당시 원화 약 130억원)에 낙찰되었습니다. 그러나 이 뉴스를 접한 우리나라 도자기 수집가들은 태연했습니다. 왜냐하면 이 두 점보다 가치가 훨씬 높은 것이 국내에 많이 있기 때문입니다. 가슴 아프게도 일본에도 많이 있습니다.

우리나라 도자 예술품이 세계 최고라는 사실은 이미 세계의 미술학자들이 인정합니다. 우리나라 도자기는 종류와 수에서 중국보다 훨씬 적고 일본보다도 적습니다. 사기장(도공은 일본식 표현임)의 숫자도 옛날부터 두 나라에 비해 아주 적었습니다. 그런데 어떻게 해서 우리나라의 도자기가 그렇게 아름답고 가치가 높을까요?

'있는 그대로'의 여유와 해학이 주는 멋

그것은 비뚤어진 항아리에서 느껴지는 비대칭의 멋, 삼대三代가 멸하는 형극荊棘 앞에서도 길이 아니면 가지 않던 선비정신에 어울리는 절제의 미-이 둘의 절묘한 조화에 있습니다. 그리고 우리의 옛 사기장이 간직한 자유혼을 추구하는 창조적 '쟁이정신'과 '있는 그대로'를 사랑하는 여유와 해학이 어우러져 옛 우리의 도자기에 표출되었기 때문입니다. 중국과 일본 도자기는 단지 남에게 팔기위해 만들어진 도자기였으나 우리의 옛 사기장들은 도자기를 팔지 않았습니다. 단지 시집보낼 뿐이었습니다. 이러한 이유 때문에 우리의 옛 도자 예술품이 세계 최고가 된 것입니다.

우리 옛 도자기가 가지고 있는 또 다른 아름다움의 비밀을 한 가지만 더 말하겠습니다. 그것은 우리나라 도자기 피부의 살결이 너무 곱기 때문입니다. 도자기 피부는 태토를 말합니다. 태토는 흙입니다.

흙과 장작불이 만나서 나오는 때깔(색깔)이 도자기의 피부라 할 수 있습니다. 보통 사람은 도자기를 볼 때 형태나 때깔을 봅니다. 하지만 사기장은 도자기를 뒤집어 봅니다. 그러면 유약이 묻지 않은 도자기의 태토가 보입니다. 사기장이 태토를 본다는 것은 도자기의 원천인 흙을 가장 중요하게 여긴다는 뜻입니다.

옛날에는 도자기 가마에서 불을 땔 때는 여자의 출입을 금했습니다. 이유는 불을 때는 것은 가마라는 여성신이 흙을 옥玉으로 바꾸어 도자기를 분만하는 과정으로 보았기 때문입니다. 예쁜 여자가 오면 여성신인 가마가 질투를 할지도 모른다는 걱정 때문이었습니다. 사기장이 그릇을 빚는 일은 흙을 가마라는 자궁과 장작불이라는 잉태의 고통을 통해 옥으로 바꾸는 신성한 작업입니다.

자, 그럼 사기장이 흙 이야기를 하고자 합니다. 돈은 종이라 썩고, 권력은 찰나지만 도예 작품은 영원합니다. 사기장이 도자기를 빚는 일은 머리만으로, 말만으로는 할 수 없습니다. 꼭 심산유곡의 좋은 흙을 찾아서 밟고 물레를 차서 장작불을 때서 만드는 것이 도자기입니다.

이 때문에 도예는 흙일하는 노동의 예술이라 할 수 있습니다. 조각

불 때는 작업

흙(원토)

불에 녹은 흙

가가 돌을 보고 형상을 찾아주는 자라면 사기장은 흙을 보고 흙 고유의 때깔(색깔)을 도자기로 만들어 주는 자입니다. 다시 말해 사기장은 흙의 자주적인 힘을 끌어내는 자입니다.

저의 아버지(신정희)께선 이렇게 말합니다.

"비가 내릴 때 야산에 올라가라. 그리고 적당한 흙을 찾아 발자국을 남겨라. 비갠 후 다시 가서 발자국이 있는지를 확인하라. 발자국이 그대로 찍혀있는 흙은 도자기가 될 수 있는 흙이다. 그 흙을 퍼 와서 도자기를 만들어라. 그러면 지구상 존재하는 단 하나의 작품을 얻을 수 있다."

세상에 단 한점뿐인 도자기를 만들어라

우리나라에는 각 지역마다 독특한 흙이 있습니다. 옛 사기장들은 자신의 가마터 인근의 흙을 파다가 도자기를 빚었습니다. 그리하여 지방마다 독특한 도자기를 빚을 수 있었습니다. 임진왜란 때 왜군이 납치해 간 우리 사기장들은 각 지방의 개성 있는 사발을 빚는 사기장들이었습니다. 그들은 납치해간 사기장을 각 지방마다 나누어서 그 지방 흙으로 지방 도자기를 만들게 하였습니다. 그리하여 일본의 각 지방마다 고유의 도자기가 탄생한 것입니다.

우리나라는 임진왜란 30년 전부터 백자를 지향하는 사회 요구에 따라 백자전용시대가 펼쳐집니다. 역설적이게도 이 백자전용시대는 우리의 각 지방 도자 문화가 백자로 획일화한 시기입니다. 이로 인해 지방 사발의 독특한 개성미는 우리 곁에서 멀어졌습니다. 그렇지만 우리나라 백자는 세계에서 어느 도자기와 견줄 수 없는 아름다움이 있습니다. 제가 우리나라의 각 지방 사발을 빚다 보면 각 지방의 흙에서 주는 독특한 질감을 느낄 수 있습니다.

산에서 진달래, 개나리 같은 여러 가지 꽃이 각각 아름다움을 빛낼 때 산 전체가 아름답습니다. 지금 우리의 사기장들이 우리나라의 각 지방에서 그 지방의 독특한 흙으로 도자기를 빚어서 지방의 도자 문화를 꽃피울 때 도자기 종주국이라는 잃어버린 영광을 되살릴 수 있습니다.

오늘날 사기장들은 전화 하나로 도자기 재료상에서 정제한 흙과 유약을 사다 씁니다. 그러다 보니 흙과 유약의 본질을 망각해 버리는 경우가 많습니다.(물론 전부 다 그렇다는 것은 아닙니다) 이것은 우리 도자 문화를 획일화해 개성 없는 도자문화를 야기하는 단점을 낳고 있습니다.

이웃 일본에서는 도자기로 인간 국보가 되려 할 때 자기 지방의 흙을 사용하여 새로운 질감의 도자기를 만들어야 합니다. 유약도 그렇습니다. 지금은 유약을 대부분 서양식 제조방법에 따라 너무 쉽게 구합니다. 또한 오늘날의 우리나라 사기장들은 옛 사기장들의 흙 사랑 정신을 너무나 잊고 있습니다. 옛 사기장들의 정신을 이어 받아 자연에서 구한 재료로 정성과 노력을 들여 자기만의 독특한 흙과 유약을 개발해 우리 도자 문화의 다양성에 이바지해야 합니다.

오늘날의 사기장들은 그저 손놀림으로만, 아니면 단지 머리 속에 있는 디자인만이 도자기의 전부일 것이라 착각하고 있는 것은 아닌지 되돌아 봐야 합니다. 흙 사랑 정신과 흙에 대한 노동의 신성함을 무시하고는 결코 도자기 명품을 얻을 수 없을 것입니다.

제 아버님이 제자들에게 항상 하는 말이 있습니다.

"흙에서 꼬신내를 느껴라. 꼬신내를 느끼지 못한다면 지금부터라도 도자기 공부를 그만 두어라."

첫째도 흙, 둘째도 흙 그리고 셋째가 불

먼 옛날 어느 할아버지 사기장이 다음에 사기장이 될 손자에게 말했습니다.

"애야, 도자기는 첫째도 흙이요. 둘째도 흙이란다. 그리고 셋째는 불이란다."

그리고 할아버지 사기장은 손자를 위해 흙을 준비했습니다. 할아버지가 준비한 흙은 수십 년이 지나 찰기 좋은 질(태토)이 되어 그 분의 손자 사기장이 이어 받은 능숙한 물레 솜씨로 다듬어져 가마 속에서 불을 품고 도자기로 태어납니다.

옛 사기장들의 영원한 화두였던 흙. 이 흙의 본질은 과연 무엇일까요? 흙의 탄생, 그것은 머나먼 지구 창세기 드라마의 서막이었습니다. 뜨거운 마그마의 한 부분이었던 지구는 수 억년이라는 시간을 거쳐 지금으로부터 4억4천년 전쯤 처음으로 흙이 형성되었다고 합니다.

지금도 식물의 부식과 태양열, 불, 그리고 빗물 등 여러 가지 조건에 의해 매일매일 흙이 만들어지고 있으며, 흙은 또 쉬지 않고 성장하면서 진화를 거듭하고 있습니다. 그러나 슬프게도 환경오염에 의해 죽어 가는 흙도 있습니다.

동 · 식물이 부식되어 유기물(영양분)이 형성되고 벌레와 지렁이, 박테리아 등… 이처럼 흙에는 보이지는 않지만 많은 생물(박테리아)이 살고 있습니다. 이 흙 속에 살고 있는 생명체들은 찰기 없는 흙을 찰기 있는 흙으로 바꿉니다. 숱한 세월 속에 지구의 풍화 작용은 도자기가 될 수 없는 흙을 도자기가 될 수 있는 흙으로 그 성질을 바꾸어 주었습니다. 손자가 쓰게 될 흙을 할아버지 사기장이 준비하는 것도 먼 옛날부터 이 흙의 성질을 알고 있었기 때문입니다. 우리 또한 흙에서 자연의 섭리와 윤회를 볼 수 있습니다.

그 옛날 우리 선조 사기장들의 '흙 사랑 이야기' 를 해 봅시다. 쟁이라는 하늘이 내린 운명을 숙명이라 받아들이며 오로지 도자기 한길만 고집했던 우리 사기장들은 숱한 경험을 통해 불심(화도)이 좋아 태토(도자기 빚는데 사용하는 흙)가 되는 흙, 그리고 불심이 약해 불에 잘 녹는 흙, 즉 유약이 되는 흙을 본능적으로 알고 있었습니다. 불심이 좋아 태토가 되는 흙을 순수한 우리말로 '질' 이라 불렀습니다. 때로는 쪼대흙 또는 찰흙이라고 부르기도 합니다만 학문적인 용어로는 '점토' 라 합니다.

백자를 제외한 옛 도자기의 대부분의 태토는 이 점토입니다. 또 백토, 고령토라 불리는, 찰기는 없지만 불심이 아주 센 흙도 있습니다. 이것은 학문적인 용어로 '카오링' 이라 합니다. 카오링은 보통사람의 눈에는 흰 백토처럼 보이지만 사실은 아주 작은 점토 광물입니다. 주로 백자의 태토로 사용합니다.

점토는 입자크기가 0.002mm 이하로 단일 성분이 아니라 여러 성분이 복합적으로 섞여있는 흙을 말하며 논 밑이나 야산 등에 많습니다. 그리고 나오는 지역과 흙을 파내는 위치에 따라 성분이 대체적으로 다릅니다. 각 지역에 따라 성분이 조금씩 다른 이 점토의 특성이 우리나라의 도자기를 지방마다 토속적인 맛을 간직한, 개성 있는 도자기를 탄생시켰습니다. 도자기 감정 전문가들은 옛 도자기를 감정할 때 도자기를 뒤집어 굽 부분을 보게 됩니다.

바닥 굽을 보면 도자기의 흙을 알 수 있다

바닥에 닿는 굽 부분은 유약을 칠하지 않기 때문에 흙 고유의 때깔(색깔)을 볼 수 있습니다. 굽 부분이 검거나 회색빛을 띠는 태토는 대개 점토를 주성분으로 한 흙입니다. 그리고 여기서 말하는 흙 고유의 때깔이란 흙 원토의 색깔과는 다른 가마에서 불을 때고 난 뒤 완성된 도자기 흙의 때깔을 말합니다. 예를 들면 불때기 전의 붉은 흙이 불을 땐 후에는 검게 변하는 경우가 많습니다.

이처럼 흙의 때깔은 불 때는 방법에 따라 색상의 차이가 큽니다. 그러나 이 색상의 차이를 보고 사기장이 어떤 흙을 사용해서 도자기를 빚었는지 알 수가 있지만 모든 사기장이 다 그런 능력을 갖고 있지는 않습니다. 흙의 본질을 아는 사기장만이 완성된 때깔을 보고 어떤 흙을 사용했는지를 가늠할 수 있습니다. 그러면 우리 조상들이 점토를 주성분으로 하여 빚은 도자기는 무엇이었을까요?

흔히 토기라 부르는 도기가 있습니다. 일반적으로 토기라 불려지는 도기는 우리의 옛 기록을 보면 모두 도기로 기록이 되어 있고, 중국에서도 토기를 도기라 표기합니다. 토기라고 부르는 곳은 일본밖에 없습니다. 그리고 이 도기는 선사시대부터 고려시대 까지 우리 민족의 의식 용기이자 생활 용기였습니다. 이 도기를 우리 조상들은 찰기 있는 흙으로 유약 없이 구웠습니다. 도기 중에는 아주 높은 화도까지 불을 때어 빚은 것도 있습니다.

고화도 도기 중에는 불을 때는 과정에서 소나무 재가 높은 화도에 의해 기물 표면 위에 앉아 마치 기물에 유약을 입힌 것과 같은 효과(자연유)를 낸 것이 있습니다. 이 자연유 기법이 일본으로 건너가 세계에서 일본만이 만든다는 자연유의 시초가 됩니다. 이 이야기는 일본의 대표적인 자연유인 비젠야끼의 인간국보인 후지와라 유 선생이 나에게 직접 고백한 내용입니다.

저장 용기, 생활 용기로서 지금도 많이 사용되는 옹기가 있습니다. 옹기에는 일반적으로 우리가 부르는 옹기, 질그릇, 푸레독, 오지그릇 등이 있습니다. 옹기는 찰기 있는 흙에 유약인 잿물을 발라 초벌구이 없이 구워 낸 것입니다. 이 옹기는 지역마다 형태가 달라 지역적 토속미를 잘 대변해 주는 우리 민족의 정서를 양껏 나타냅니다. 그리고 우리나라 옹기 중, 제주도에는 특별한 옹기가 있습니다.

제주도는 화산 지대라 흙 성분이 육지와 많이 다릅니다. 용암이 풍화된 흙이 많습니다. 제주도의 옹기장들이 이 흙의 특성을 살려 만든 옹기가 제주도 옹기입니다. 불 때는 기법 또한 육지와 사뭇 다릅니다. 제주도 흙의 본질을 잘 살려 빨갛게 보입니다. 이 빨간색에서 풍겨지는 느낌은 아주 맛있습니다. 지금은 제주도 흙을 이용한 옹기를 되살리자는 노력이 아주 많은 걸로 알고 있습니다. 아주 반가운 소식입니다.

한 일본인이 이런 말을 했습니다.

"김치를 많이 연구했으나 아직도 한국의 참맛 나는 김치를 만들기는 힘들다. 많은 이유가 있겠지만 한국인이 김치를 숙성시킬 때 쓰는 옹기, 바로 그 옹기의 태토가 되는 한국의 흙과 일본의 흙, 두 나라 흙의 본질적인 차이 때문이다."

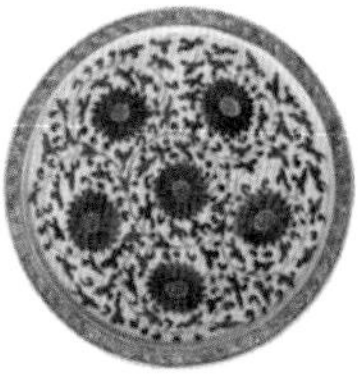

청화백자보상당초문접시
아타카콜렉션

백자철화운용문호
국립중앙박물관

백제도기(자연유)
전주시립박물관

덤범분청사발
미쓰이그룹소장

한국 김치의 참맛은 한국 흙이 맛있기 때문

질그릇은 700~800도까지 온도를 올려놓고, 마지막 단계에 가마 속에 연기를 아주 많이 발생시켜 질그릇 속에 연기가 파고들도록 하여 만듭니다. 그릇에 연을 먹인다고 하는 것입니다. 그을음을 표면에 부착시키는 것이죠. 연기 덩어리는 그을음 입니다.

이 그을음은 질그릇 겉 표면에 붙어서 물이 새는 것을 막아줌과 동시에 그을음이 항균작용을 합니다. 그러나 공기는 통합니다. 질그릇이 좋은 이유는 공기가 통하는 통풍성과 그을음에 의한 항균성을 동시에 간직하고 있기 때문입니다.

질그릇 중에는 불을 때는 도중 소금을 뿌린 소금유 질그릇인 푸레독이 있습니다. 이 또한 우리 민족에게는 친숙한 생활용기였습니다.

오지그릇도 있습니다. 이 그릇은 다른 도자기들과 달리 불 위에 직접 얹어 사용했습니다. 우리가 흔히 쓰는 된장뚝배기를 연상하면 됩니다. 우리의 북녘 땅 회령 오지는 일본으로 건너가 일본 도자기의 시초가 되었습니다.

청자는 1,250도 이상의 불에도 잘 견디는 점토여야 합니다. 고려청자는 본래 강진, 무안 등 전라도 해변가에서 많이 빚었습니다. 청자를 뒤집어 보십시오. 흙 색깔이 회색임을 알 수 있습니다. 이것은 청자 태토의 주성분이 점토이기 때문입니다. 누군가는 이런 말을 합니다. "고려시대 때 만든 청자를 왜 지금은 못 만드느냐고?" 그 대답으로, 나는 사기장들이 아직 고려시대 청자에 쓰인 흙과 점토를 못 찾았기 때문이라고 말합니다.

흙을 사랑한 우리의 옛 사기장들이 빚은 도자기 중에 분청사기가 있습니다. 분청자라 부르기도 합니다. 다시 말해 청자 흙에 하얀 분칠을 했다는 뜻입니다. 고려 시대의 민가에서는 고려도기를 주로 사용했고 높은 사람이나 권력층만이 청자를 사용했었습니다.

그러나 14세기의 사기장들은 몽고족의 침략으로 전라도 해변가에 있다가 내륙 깊숙이 들어가게 됩니다. 그 사기장들이 각 지역에서 그 지역에서만 나는 독특한 점토를 가지고 도자기를 만들기 시작합니다. 그것이 바로 분청입니다. 그 당시부터 일반서민들도 도자기를 사용하려는 욕구가 강했습니다. 이 또한 분청의 탄생을 자극시킨 한 요인입니다. 나는 분청사기야말로 청자나 백자보다 흙 맛을 가장 잘 표현한 도자기라고 생각하고 있습니다.

자연계에서 새는 벌레를 잡아먹고 그 새는 다른 동물이 잡아먹고 또 더욱 힘 센 동물은 힘없는 동물을 잡아먹고, 꽃이 피고 지고 봄, 여름, 가을, 겨울 비와 눈이 내리고, 그렇게 빙글빙글 돌면서 결국은 흙으로 돌아갑니다. 흙이 되어 또다시 새로운 생명으로 잉태합니다. 들판에 피어 있는 꽃을 집안에 그대로 꽂아 놓는 것은 자연과 인간의 일체감 때문입니다.

예부터 우리 사기장이 흙을 구하러 다닌 것은 예술가의 창조행위이자 창작물을 통한 흙 사랑입니다. 우리 인간뿐 아니라 생명 그 자체는 돌고 돌아 흙으로 돌아가는 자연 순화의 일부분입니다. 요새 흙의 본질을 외면한 채 그저 흙 공장에 전화 한 통으로 손쉽게 구한 흙으로 도자기를 빚는 사기장들에게 우리 선조 사기장들의 꾸지람이 들립니다.

"제발 흙의 본질에 다가가라!"

(3) 유약의 신비가 도자기의 맛

고려시대 말, 몽고족의 침략은 서해 바닷가에서 청자를 빚던 사기장들에게 엄청난 타격을 주었습니다. 이 침략으로 청자를 빚던 우리나라는 그 맥이 끊어지는 위기에 처하게 됩니다. 그때 청자를 지키고자 했던 마지막 사기장이 있었습니다. 그 사기장 얘기를 잠시 하겠습니다. 그 사기장에게는 결혼한 외아들이 있었습니다. 이 아들은 아버지에게 배운 기술만 믿고 방탕한 생활을 하다가 늙은 아버지와 부인을 남겨놓고 요절했습니다. 홀로 남은 부인은 늙은 시아버지 밑에서 청자 빚는 일을 도우면서 며느리로서의 소임을 다했습니다.

세월이 흘러 이 며느리는 시아버지의 청자 만드는 기술을 거의 다

알게 되었습니다. 하지만 마지막 하나, 유약 만드는 비법은 알 수 없었습니다. 시아버지는 여자가 사기장이 된다는 것을 인정할 수 없어 유약의 비밀을 가르쳐 주지 않은 채 저 세상으로 가고 말았습니다. 그 이후로 우리나라에서 고려청자가 단절됐다고 합니다. 이 이야기는 도자기에 있어서 유약이 굉장히 중요하다는 것을 말하고 있습니다.

유약은 도자기의 표면에 바르는 유리질을 가리킵니다. 도자기를 만드는 흙인 태토가 몸과 살이라면 유약은 피부입니다. 그래서 유약이 예쁘게 발린 도자기를 보면 "이 도자기 피부가 곱다"고 말합니다.

유약을 논하기 전에 먼저 도자기 역사를 잠시 살펴보겠습니다. 인류가 처음으로 만든 도자기는 1만2천년 전의 도기(토기는 일본식 표현)입니다. 이 도기는 유약 없이 점토로 형을 만든 뒤 낮은 온도로 가마

초벌구이 된 기물에 유약을 입히는 장면.

없이 노천에서 불을 때 익힌 것입니다. 현재 세계에서 가장 오래된 토기는 '죠오몬 토기'라 불려지는 일본 도기입니다.

도기는 제작 연대의 차이는 있지만 세계 각지에서 자연 발생적으로 만들어졌습니다. 유약을 입힌 도기는 이집트 왕의 고분에서 발견된 청록색 사금파리(깨어진 도자기 파편)가 최초입니다. 이것은 저화도(500~600도, 800도 이하는 저온으로 분류) 유약이 입혀진 도기였습니다.

자연유는 장작 재가 눌러 붙어 만들어진 것

우리가 일반적으로 유약이라 부르는 고온유는 1,200도 이상의 온도에서 도자기(도기+고화도 자기)의 표면에 달라붙는 유리질을 말합니다. 이 고온유는 청동기를 제작하는 기술을 가진 고대 중국 사람들이 발견했습니다. 도자기를 만들 때는 열을 가하기 위해서 '가마'라는 시설이 필요합니다. 1,200도까지 온도를 올린다는 것은 고화도에 견디는 가마가 있었다는 것을 의미합니다.

옛날 중국에서 사기장이 고화도의 도기를 만들기 위해 가마에서 불을 때던 중 장작의 재가 도기 표면에 내려앉아 아름답게 빛나는 것을 보고 발견한 것이 '재유'(회유)입니다. 이것이 고온유의 시작이었습니다. 이 재유를 '자연유'라 부르는 사람도 있는데 이것은 틀린 말입니다.

유약 없이 기물을 가마에 넣어 소나무 장작으로 아주 오랫동안 아주 높은 온도(1,300도 이상)로 불을 때면 소나무 장작의 재가 가마 속에서 자연적으로 달라붙어 마치 유약처럼 보입니다. 이것이 바로 자연유입니다. 일본에서는 이 자연유에 의한 도자기를 아주 귀한 것으로 여깁니다. 이 기법은 신라 토기를 빚던 우리나라 옛 사기장이 일본으로 건너가 일본에 가르친 기술입니다. 하지만 지금 일본인들은 자기네들의 전통이라고 자랑하고 있습니다.

여기서 말하는 재유는 나무재에 다른 성분(융재)을 섞어 유약을 기물에 입힌 뒤 가마에 넣어 불을 때서 유약을 유리처럼 맑게 녹이는 것을 말합니다. 이 재유를 근간으로 하여 재유의 주성분인 나무재에다 여러 종류의 융재(예를 들면 장석, 도석, 석회석 등)를 섞으면 다양한 유약이 나오게 됩니다. 현대에는 장석, 규석을 근간으로 하지만 나무재나 석회석 또는 대리석을 사용하기도 합니다.

고온 유약인 재유의 발견 이후에 중국에서 도자기는 비약적으로 발전하게 됩니다. 기원 전 1, 2세기 무렵, 후한 시대에 개업한 월주요를 시작으로 중국 여러 지방에서 여러 가지 종류의 유약을 이용한 도자기가 개발됩니다.

한나라 이후 혼란한 춘추전국시대를 거쳐 안정된 당나라 시절에는 '당삼채' 라 불리는 채색도기가 부장용(무덤에 넣어주는 용도)으로 많이 만들어집니다. 그러나 이것은 저온 유약(700~800도)이었습니다. 그렇지만 이 시대에는 고온유(1,200도 이상)도 계속 발전했습니다.

당이 끝나고 오나라 시대에는 고화도로 만들어진 기물을 서민들도 상용할 만큼 발전합니다. 이를 배경으로 중국 각지에서는 가마가 많이 생겨나고 유약은 더욱 발전하게 되었습니다. 이 때 새로 만들어진 유약으로는 청자유, 백자유, 흑유, 황유가 있습니다. 동시에 도자기에는 문양이 조각되기 시작하고 유약에다 금속 안료를 사용하여 색

유도 사용되기 시작합니다.

중국청자는 비색秘色이지만 고려청자는 비취색翡翠色

당나라, 오나라를 거쳐 송 시대에는 중국 역사상 문화의 최전성기이자 도자기 전성기였습니다. 중국 문화의 정수라 부르는 '송나라 비색청자' 가 이를 말해 줍니다. 이 때 바로 고화도 유약이 완성되었습니다. 중국 사람들은 그들이 가장 갖고 싶어 하는 귀한 옥을 만들려는 마음에서 청자를 빚기 시작했다고 합니다. 중국인은 송나라 청자를 비밀스러운 유약이라 해서 '비색'(秘色, 비밀의 색) 청자라고 부릅니다.

우리나라에서는 한 세기가 지나 12세기부터 중국의 청자를 능가하는 고려 비색(翡色, 비취색) 청자가 만들어졌습니다. 옥중에서도 가장 으뜸이 비취라고 합니다. 중국 사람들은 고려청자를 보고 비취처럼 아름답다 하여 고려청자를 '비(취)색 청자' 라 격찬했습니다. 이는 도자기의 종주국이라고 자처하는 중국인들이 고려청자의 아름다움을 인정한 것으로 청자에 대해서는 자기들이 한수 아래임을 자인한 셈입니다. 고려의 비색 청자가 그토록 아름다운 것은 청자의 태토 위에 입혀진 유약 때문입니다.

유약을 과학적으로 설명해 보겠습니다. 유리질이나 일반 유리는 도자기의 태토에 붙지 않습니다. 유리를 도자기라는 흙덩어리에 입히는 기술 그 자체가 유약의 비법입니다. 유약을 만드는 방법은 다음과 같습니다. 우선 기본재인 장석, 규석 그리고 도석을 아주 잘게 분쇄합니다. 여기에 융재에 해당하는 나무재 또는 석회석 혹은 대리석을 일정량 섞어 물기를 가하면 찰기가 생깁니다. 이를 초벌구이한 기물에 잘 입힙니다. 그리고 1,300도 정도의 불을 때면 유리질을 입힌 도자기가 탄생합니다. 이 유리질이 바로 유약입니다.

유약을 만드는 기술적인 부분에서는 동서양이 다릅니다. 먼저 유약을 만드는 방법을 통해 동양과 서양의 도자기에 대한 인식의 차이를 볼 수 있습니다. 동양에서는 도자기를 자연의 일부로 보았습니다. 그러므로 도자기를 만드는 원료를 자연계에서 존재하는 천연소재를 사용하여 오랜 경험을 통한 사기장의 예술적 감각을 통해 도자기가 완성하였습니다.

유약을 예를 들어 설명하면, 산에 있는 돌(장석 또는 규석 혹은 도석)을 찾아 이것을 물레방아나 연자방아로 분쇄해 식목의 불에 태운 재를 섞어 유약을 만들었고, 불을 땔 때도 산에서 구한 나무를 말려서 장작으로 만들어 불을 때 도자기를 빚었습니다. 그 중 우리나라의 유약 만드는 방법은 중국이나 일본과는 또 다른 방법이 있었습니다. 우리나라 도자기는 형태 자체도 중국이나 일본에 비해 단순하게 보였으나 자연미를 최대한 살린 편안한 도자기였습니다.

서양에서는 도자기가 자연의 일부가 아니라 정복해야 할 대상이었습니다. 서양에서는 18세기 전까지는 동양의 도자기는 금보다 더 비쌌고, 부의 상징이었습니다. 이 당시 유럽은 마치 중세에 연금술사가 금을 만들기 위해 혈안이 되었던 것처럼 도자기를 만들기 위해 혈안이 되어있었습니다. 서양의 이러한 노력의 결과로 1700년경부터 도기가 아닌 도자기가 시작됩니다.

1709년에 독일 마이센요에서 한 연금술사가 처음으로 백자를 만듭니다. 그러나 이 백자는 동양의 단단한 경질 자기가 아닌 연질 자기였습니다. 그 뒤 1760년 잉글랜드에서 시작된 산업혁명으로 화학기술이 비약적으로 발전합니다. 이때 도자기 유약의 화학적 연구가 시작됩니다.

그리하여 천연의 원료를 화학적으로 분석하여 특정성분을 유출 분리하여 순도를 높인 원료를 사용하여 유약을 조합하는 방법이 발견됩니다. 이것이 인공원료, 즉 화학원료 유약의 시작입니다. 이때부터 서양은 개성이 없고 똑같은 도자기를 대량 생산하는 기술을 갖게 됩니다. 이 기술이 다시 동양으로 수입된 것이 바로 현대의 요업입니다.

옛 유약은 돌과 나무재 등 천연재료의 산물

동양의 전통 유약은 자연친화적이며, 유약의 재료가 되는 천연물질의 상태(예, 나무의 성장 환경에 따라 재의 성분물질 비율이 달라짐)에 따라 사기장의 의도와 다른 도자기가 탄생할 수도 있습니다. 따라서 획일적인 대량생산에는 아주 불리하나 작품 하나하나의 예술적 가치는 뛰어납니다.

동서양의 도자기에 대한 인식을 간단히 요약하면 동양은 자연의 일부로 받아들인다면, 서양은 도자기를 과학적 결과물로 바라봅니다. 결론적으로 동양의 유약은 돌과 나무재, 즉 천연재료의 결합이고, 서양의 유약은 광물과 광물을 화학적으로 처리하여 만듭니다.

동서양의 도자기의 예술적 가치를 경제적으로 평가하면, 세계의 고미술 시장(소더비, 크리스티 경매)에서는 한국의 옛 도자기가 최고 비싸고 그 다음으로 중국, 일본 그리고 유럽의 도자기 순입니다. 이것은 획일적 대량생산할 수 있는 서양의 도자기보다 자연친화적인 동양의 도자기가 예술적 가치가 더 높다는 말입니다.

옛날 우리나라의 유약 만드는 방법은 중국, 일본과는 달랐습니다. 물론 중국과 일본처럼 돌(장석, 도석)을 물레방아로 분쇄해 재를 섞어 유약을 만들었습니다만, 그것보다는 물토라는 천연물질에 재를 섞은 것이 우리나라의 옛 도자기의 유약이었습니다.

옛 문헌에는 수토水土, 수을토水乙土라고 기록되어 있습니다. 장석, 석회석, 규석 등이 주성분으로 손으로 만지면 딱딱한 돌덩어리가 부드러운 가루처럼 분쇄됩니다. 이 가루를 물에 타면 미숫가루처럼 그대로 풀어집니다. 이 물토 중 산화철이 함유되어 붉은 빛을 띤 물토는 청자유약에, 산화철 함유량이 적고 흰색을 띠는 것은 분청이나 백자 유약으로 사용했다고 추정됩니다.

이 물토를 도자기 태토에 섞어주면 완성된 도자기가 단단하게 되므로 태토에 섞기도 했습니다. 우리 조상들은 물토에 융재인 나무재 대신 광물질 융재인 활석이나 석회석을 섞기도 했습니다. (분원도자기의 사금파리성분 분석결과) 또 우리 전통유에는 물토유 외에도 여러 가지 다양한 유약이 있습니다. 결론적으로 우리 조상들은 물토, 나무재 그리고 약토 등 천연물질을 자연에서 구해 정성으로 유약을 만들어 사용했습니다.

자, 그렇다면 지금은 어떻게 유약을 만들까요? 우리나라 전통유를 근원으로 하여 유약을 만들어 옛 우리 도자의 화려한 영광을 되찾으려는 사기장도 있지만, 간단하고 편한 서양식 유약 제조방법으로 유약을 만드는 사기장도 많습니다. 그리고 도자기를 가르치는 대학이

나 학원에서는 한국적 유약 만드는 기법보다는 서양적 유약 만드는 기법만을 가르치다 보니 우리의 정성이 많이 들어가는 전통유약은 점점 우리나라 도자문화에서 멀어지고 있습니다.

온고지신溫故知新이라 하지 않았던가? 옛것(전통유)을 알고 새것(서약식 유약)을 배워야지, 새것만 알고 우리의 옛것을 무시한다면 16세기까지 세계최고의 도예왕국이었던 우리의 옛 영광을 회복하기는 어려울 것입니다.

(4) 도자기는 불의 예술이다

옛날이나 지금이나 사기장이 불을 땐다는 것은 도자기의 공정에서 가장 중요하고 특별한 작업이었습니다. 도자기는 천지인天地人의 조화에 의해 만들어진다고 합니다. 불 때는 것은 하늘에 의한 천天의 작업이고, 흙과 유약은 지地의 산물이며, 사기장인 인人의 정성과 기술이 있어야만 한다는 의미입니다.

사기장이 흙을 가지고 형태를 빚어 유약을 입혀 가마에 넣기까지의 과정은 조각가나 화가와 같이 똑같은 예술적 창조행위입니다. 그러나 일단 가마에 작품을 넣고 나서는 인간의 의지를 떠나 자연, 아니 가마 신에 맡겨집니다. 화가와 조각가는 마지막에 작품을 다시 손볼 수도 있지만 사기장은 타는 불 속의 작품을 다시 꺼내 손 볼 수는 없습니다.

지금 시대가 아무리 과학이 발전되었다 하더라도 가마를 열기 전까지 도자기 완성 여부는 알 수 없고, 신의 경지에 이르렀다는 사기장도 불을 땔 때는 모든 것을 하늘에 맡겨야 합니다. 아버지께선 언제나 “사기장은 결코 불 앞에서 자만해선 안 된다. 그것은 작품을 허공에 다 날려버리는 행위이다”고 강조합니다.

이런 일이 있었습니다. 일본의 유명한 요업학과 교수가 “도자기는 예술이 아니라 과학이다”고 선언하고 이것을 증명하기 위해 자신이 스스로 가마를 만들어 도예가가 되었습니다. 그리고 3년 뒤 그는 “도자기는 가변 요인(상황에 따라 변하는 원인)이 너무 많아 이것을 과학적으로 모두 다 정리하기에는 역부족이다. 과학은 예술적 감성과 도자기를 감각적으로 대하는 도예가를 앞지를 수 없다. 특히 불때기의 변수는 인간의 뇌세포보다 복잡하다”고 말하고는 다시 요업학자의 길인 교수로 복직했다 합니다.

물론 회사에서 만든 도자기는 도예가 아니기 때문에 과학적으로 설명할 수 있습니다. 또 도예가 예술이라 해서 사기장이 도자기의 과학적 원리를 공부하지 않는다면 기능장은 될 수 있지만, 사기장(도예가)은 될 수 없습니다.

불을 넣고 나서는 오직 결과만을 기다릴 뿐이다

한 예를 들어 우리나라의 관요인 분원에서는 ‘화장’火匠이라 불리는 불 때는 사기장이 있었습니다. 이 불을 전담하는 화장을 해야 분원의 300명 이상의 사기장 중 ‘변수’變首라는 사기장의 우두머리가 될 수 있었습니다. 화장은 또 반드시 ‘남화장’(불꽃을 보고 온도를 조정하는 자)을 거쳐 경험을 쌓은 후에야 될 수 있었습니다.

옛날에는 불을 다루는 화장이나 남화장 등이 신경통을 앓으면 불 때는 날짜를 바꾸었다 합니다. 이는 산 경험에서 나온 불 감각 때문입니다. 실제로 저기압일 때 신경통 발생률이 높습니다. 도자기도 종류에 따라서 다소의 차이는 있지만 대체로 저기압일 때 잘 굽히지 않습니다.

그렇지만 사기장의 길은 애써 작품을 빚어 놓고, 자연에 맡기고, 불 때고 난 후 오직 결과만을 기다리는 길이지만 프로야구 명 타자의 타율처럼 불때기에도 확률이 있습니다. 좋은 작품을 완성하는 확률이 높은 자가 바로 실력 있는 사기장이요, 불 잘 때는 사기장입니다. 실력 있는 사기장은 불을 예측하여 유약과 쟁임 등을 조절하며, 또 불세기를 다루어 훌륭한 명품이 탄생될 수 있도록 최선을 다합니다.

자, 그러면 사기장인 저와 불때기에 한 번 도전해 봅시다! 불은 어디다 때죠? 바로 가마에서 땝니다. 가마는 무엇이죠? 도자기를 넣어 놓고 불을 때는 원통형의 흙 구조물입니다. 가마는 도자기라는 옥을 잉태하고 있는 여자의 자궁에 해당됩니다. 이 가마가 불의 에너지를 받아 옥동자(도자기)를 순산하는 과정이 바로 불때기입니다.

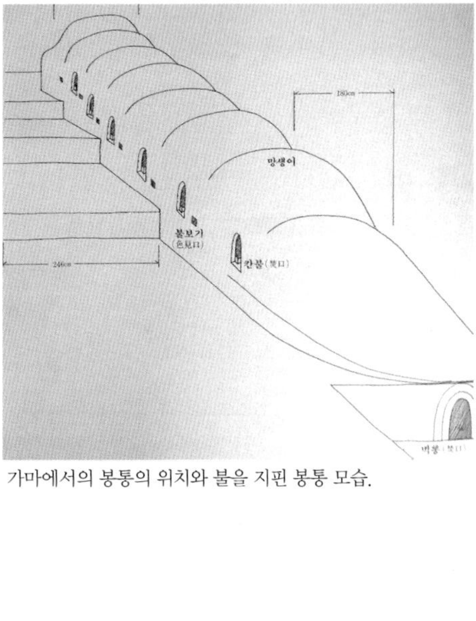

가마에서의 봉통의 위치와 불을 지핀 봉통 모습.

가마는 어떤 종류가 있죠? 전기 가마, 터널가마, 가스가마 등 여러 가지 가마가 있으나 여기서는 장작 가마로 부르기도 하고, 경사가 있다 해서 '등요'라 부르는 우리나라의 전통 가마에서 불 때는 것으로 합니다.

아! 참 가마에 대한 일화가 있습니다. 중국 경덕진요에서 있었던 일입니다. 유럽은 150년 전까지만 해도 고화도 도자기를 만드는 기술이 없었습니다. 그리하여 종교 전파도 할 겸 독일의 한 신부가 30년간이나 경덕진 가마에서 생활했다 합니다. 자신의 조국을 위해 경덕진 가마의 도자기 만드는 기술을 낱낱이 조국에 보고했습니다. 이 보고를 받은 독일의 마이센에서는 그대로 실행했습니다. 그리하여 마지막 과정인 가마까지 제대로 만들었습니다. 그런데 불때기만 하면 가마가 폭발하는 것이었습니다.

30년간 그곳에서 생활한 그 선교사는 미치고, 환장할 일이었습니다. 나중에 그 이유를 알게 됩니다. 바로 그 이유는 가마벽돌과 또 벽돌 위에 덮는 흙에 볏짚을 집어넣는다는 것을 빼먹고 보고했던 것입니다.

초벌구이 불 넣을 땐 우선 약한 불로 시작

보다 쉽게 설명하면 불을 땔 때 1,200도 이상 고열이 되면 가마 불에 의해 공기가 팽창되어 가마 속은 고압이 됩니다. 이 고압을 견디는 힘은 가마 만들 때 썩힌 볏짚이 완충 작용을 합니다. 초고층빌딩의 경우 약간 흔들리도록 설계하는 것과 마찬가지입니다.

우리나라의 전통 가마, 즉 지금의 장작 가마는 사실 중국의 도자기

가마와는 다릅니다. 중국에서 가마를 만들기 위해 벽돌을 굽는 가마가 우리나라에 유입되었고, 이 벽돌 가마가 발전하여 우리나라 전통 가마가 되었습니다. 우리나라에서 도자기를 배워간 일본도 우리와 같은 스타일의 가마입니다.

자, 그럼 불때기를 시작합시다. 먼저 초벌구이입니다. 이를 애벌구이라 부르기도 합니다. 옛날에는 초벌구이 없이 그저 도자기를 단단하게 하려고 불을 땠습니다. 바로 그것이 유약 없는 도기(토기)입니다. 도기를 좀 더 고화도로 불을 때다 보니 나무의 재가 기물에 앉아 절로 유약을 바른 것처럼 되는 것을 알게 됩니다. 이것을 그대로 전통으로 살린 것이 신라 토기에 더러 있고, 일본은 이것을 자연유라 부르며 대표하는 도자기는 일본의 비젠야끼입니다.

재가 기물에 앉는 것을 보고, 미리 기물에 재를 입힌 것이 유약의 시초입니다. 세월이 흘러 유약은 발전하게 됩니다. 그런데 초벌 없이 불을 때자 유약이 가마 속에서 녹기 전에 떨어지거나 태토에 남은 미세한 수분 때문에 기물이 깨지기도 합니다.

초벌구이 안 된 기물에 그림을 그리려고 붓을 대면, 기물이 퍼석퍼석해 그림을 그리기 힘듭니다. 이것을 한꺼번에 해결한 것이 바로 초벌구이입니다. 그러나 옹기는 잿물이라는 유약이 있는데도 초벌 없이 불을 땝니다. 옹기는 대부분 고화도가 아니고, 유약 자체가 옹기 흙 같은 성분을 많이 포함하고 있어 옹기 흙에 잿물이라는 유약이 잘 접착하기 때문입니다. 도자기처럼 옹기에 초벌과 본불, 두 가지 불을 땐다면 옹기는 연료비 때문에 지금 가격보다 몇 배 비싸질 것입니다.

초벌구이를 시작할 때는 우선 약한 불로 시작해야 합니다. 도자 흙은 450도에서 흙 입자 속의 방출수를 분출하기 시작하여 550도에서 절정을 이룹니다. 이 때는 흙 속에 있는 유기물이 타기 시작하므로 가스도 방출합니다. 온도를 급격히 올리지 말고 통풍에 신경 써야 합니다. 도자기 흙에서 나온 방출수와 가스가 급하게 나오면 도자기는 깨어집니다.

백자 흙은 초벌구이에 가장 민감한 반응

오래 전의 실제 경험담입니다. 초벌구이를 하는데 마침 가마 앞에 갖다 놓은 장작이 적었습니다. 나무 창고에 건조된 장작이 가득 쌓여 있는데도 장작을 꺼내 오기가 싫어서 가마 앞에 있던 덜 마른 장작을 몇 개 집어넣었습니다. 그 결과 초벌구이를 끝내고 보니, 큰 항아리에 다 금이 가 있었습니다. 저는 그날 아버지에게 무지하게 혼이 났습니다.

550~650도 온도가 되면 도자기 흙 안의 석영 성분이 크게 팽창합니다. 이때도 천천히 불을 때야 합니다. 650도를 지나 800도 가까이 되면 가마 속이 붉게 보이고 나무를 던지고 나서 조금 뒤 가마 속을 쳐다보면 기물이 훤히 보입니다. 800도를 지나면 가마 벽이 훤히 보

장작패기

흙밟기

뒷손질하기

물레차기

입니다. 그러면 초벌 불때기는 끝냅니다만 초벌된 기물이 식을 때가 가장 위험합니다. 천천히 식히지 않으면 기물은 전부 깨집니다. 그래서 우리 조상은 한 겨울에는 불때기를 삼가 했습니다.

또 다른 경험담을 애기하자면, 기물(완성되지 않은 상태의 도자기) 몇 개와 작은 항아리에 유약을 입히고 있을 때었습니다. 3개 정도 유약을 입히자 갑자기 유약 입힌 항아리가 '펑펑' 소리를 내며 갈라졌습니다. 깨어진 부분을 쳐다보니 바깥쪽만 초벌이 되고 안쪽은 초벌이 덜 되어 있었습니다. 이만큼 초벌구이는 중요합니다.

초벌구이를 세게, 즉 화도를 높은 온도로 올리면 도자기 태토흙가 단단해져 물기 있는 유약을 빨아들이지 않습니다. 이런 초벌에다 유약을 바르면 조금 후 유약이 기물에서 떨어져 버립니다. 일본에서는 장작 가마로 도자기를 빚는 도예가일지라도 초벌구이만큼은 전기 가마로 하는 경우가 많습니다. 초벌구이 할 때, 특히 백자 흙은 초벌구이에 가장 민감합니다.

초벌구이가 끝나고, 가마에서 기물을 꺼내면 먼저 깨끗이 씻어서 말립니다. 그 위에 그림을 그려 유약을 입히든지, 아니면 무지(그림 없는 것) 상태로 유약을 입힙니다. 다시 한 번 설명하자면 초벌은 흙으로 형태를 만든 후, 이것을 말려서 800~900도 정도로 한 번 불을 때서 기물을 단단하게 하는 것을 말합니다.

장작 3년, 흙 밟기 2년, 거나 3년, 대장 2년

불때기의 목적은 유약을 유리처럼 투명하게 하거나 여러 때깔(색깔)을 띄게 하기 위해서입니다. 유약이 무엇이냐고요? 쉽게 말하면 흙으로 만든 형태 위에 입혀진 유리 옷입니다. 불을 때는 또 다른 목적은 화도(불 온도)를 높여 기물이 단단하게 하기 위해서입니다. 이 목적을 달성하려면 초벌보다 더 높은 온도가 필요해 초벌 후에는 더 높은 온도로 불을 땝니다. 이것을 '본불', 혹은 재벌구이라 부릅니다. 이 본불이 끝나면 도자기는 완성되고 이것을 통해서 도자기의 가치가 결정됩니다.

TV나 신문에 실린 사진을 보면 가마 앞에서 사기장이 돼지머리를 올려놓고 제를 모습을 보게 되죠? 바로 불때기를 시작하는 행사입니다. 지금도 장작가마에서 불 때는 사기장은 그 전에는 꼭 목욕재계하고 마음을 비워 경건한 정신자세로 임합니다.

현재 대부분 우리나라의 사기장들은 장작 가마를 이용한 옛 방식보다는 기계의 힘을 빌려 불때기를 해결하는 경우가 대부분입니다. 여기서 기계의 힘이라 함은 가스나 전기 가마를 말합니다. 가스나 전기는 몇 년 전보다 더 발전하여 컴퓨터와 자동 조절장치까지 부착되어 있어 사기장이 안방에서 리모콘 하나로 다 해결할 수 있습니다. 참 편리한 시대입니다. 가스 가마나 전기 가마로 빚은 도자기, 그리고 장작 가마로 빚은 도자기 중 어느 것이 더 좋으냐고 묻는다면 나로서는 선뜻 말하기 어렵습니다.

사기장이 어떤 가마를 택하느냐는 것은 어쩌면 그렇게 중요한 게 아닐 수도 있습니다. 그보다 더 중요한 것은 가스나 전기, 장작 가마 중 한 가지 방식을 선택하고 작업에 임하는 사기장의 순수성과 열정 그리고 성실성이라고 생각합니다. 사실 장작으로 불을 때려면 넓은 공간과 연기 나는 문제가 있기 때문에 도심에서는 장작 가마로 작업을 하고 싶어도 못하게 됩니다.

장작 가마는 실패율이 아주 높고, 그 과정 또한 힘듭니다. 많은 시행착오와 실패 속에서 축적되는 경험을 통해 습득할 수 있는 기술입니다. 익숙하지 않은 사람들에게는 아주 어렵게 보일 수 있지만 그 과정을 알고 나면 아주 재미있고 보람 있습니다.

다만 저는 진짜 명품 도자기는 장작 가마에서 완성된다고 생각합니다. 진정한 사기장이 되기 위해서는 장작 3년, 흙 밟기 2년, 거나(일명 대장 보조) 3년, 대장 2년의 총 10년을 거쳐야 한다는 말이 있습니다. 그리고 불때기는 도자기 공부 10년 뒤부터 해야 하는 '평생공부'라고 합니다.

봉통 불은 가마를 익히기 위한 사전 불때기

불을 땐다는 것은 장작을 넣고 온도를 높여서 기물을 익히는 과정을 말합니다. 거기에 쓰이는 장작은 어떤 나무일까요? 바로 소나무입니다. 소나무를 1년여 동안 바짝 말린 다음 도끼로 쪼개 던지기 쉽게 만들어 장작으로 사용합니다.

본불을 가장 먼저 때는 장소는 가마의 입구인 봉통입니다. 봉통에 때는 불을 '봉통불' 또는 '피움불'이라고 합니다. 그런데 봉통 안에는 기물이 들어 있지 않습니다. 그냥 불만 땝니다. 사기장에 따라 시간이 다소 다르지만 통상 15~18시간 정도 불을 땝니다.

도자기가 없는데도 봉통 불을 이렇게 오래 때는 이유는 가마를 익히기 위해서, 즉 가마 전체의 온도를 높이기 위해서입니다. 가마가 데워지지 않으면 고화도까지 올라가지 않습니다. 여기서 말하는 고화도는 1,350도 정도를 말합니다.

모든 불이 다 그렇지만 특히 봉통 불은 인내와의 싸움입니다. 사실 봉통 불을 오래 때다 보면 졸음이 몰려옵니다. 언젠가 저도 봉통 불 때다 잠이 들어 눈을 떠 보니 불이 새까맣게 꺼져 있던 아픈 경험도 있습니다.

과학적으로 이 봉통 불은 가마를 데우는 역할과 가마 안에 들어 있는 기물의 수분과 가마 자체가 품고 있는 수분을 방출하는 역할을 한다고 설명할 수 있습니다. 바짝 마른 쌀도 15%는 물로 이루어져 있습니다. 기물을 아무리 말려도 그 속에 수분이 함유되어 있기 때문에 오랜 시간 동안 봉통 불을 때는 것입니다. 봉통 불을 때는 밤에 굴뚝을 보면 연기가 새하얗게 보입니다. 그 연기에 삽을 갖다 대어 보면

칸불을 넣는 장면

초벌구이 중인 항아리

삽에 물기가 흥건해집니다. 이것은 가마 벽에 있는 수분과 기물에 있는 수분이 증발하기 때문입니다.

봉통 불을 땔 때는 창불때기라 하여 봉통 안의 양 벽면 쪽을 먼저 땝니다. 이는 열이 가마 벽면을 타고 위로 오르도록 하기 위해서입니다. 불때기의 원리는 물의 흐름과 정반대입니다. 물은 높은 곳에서 낮은 곳으로 흐르지만, 불의 열기는 낮은 곳에서 높은 곳으로 흐릅니다. 도자기 불때기는 기물의 쟁임을 통해 불이 고루고루 위쪽으로 흐르게 해야 합니다. 쟁임은 불때기 전 기물을 가마에 넣고 쌓아 놓는 것을 말합니다.

옛날에는 옹기 장인들이 불때기를 시작할 때, 돼지 한 마리를 잡아 봉통 불 때는 한구석에 달아 놓았다고 합니다. 그 돼지고기를 봉통 불에 서서히 익혀 며칠간 불을 때는 도중에 칼로 잘라 먹으면서 불때는 데 필요한 에너지를 보충했다고 합니다. 예부터 사기장들은 돼지고기를 특히 좋아했습니다. 왜일까요? 흙먼지 속에서 일할 때가 많기 때문입니다. 돼지고기의 기름은 몸 안의 흙먼지를 깨끗이 청소해 진폐증을 예방한다고 믿고 있습니다.

지금 우리 사기장들은 돼지기름이 기화되어 기물에 붙어 화학 변화를 일으킬 수도 있기 때문에 봉통 불에서 불씨를 꺼내 따로 구워먹습니다. 이때 맛보는 돼지고기는 정말 맛납니다. 불 땔 때는 옆에서 담배를 피워도 담배 연기가 독하지 않습니다. 특히 여성분들은 도자기 불때기 구경을 많이 하십시오. 불을 쬐다 보면 아랫배가 찬 증상이 없어집니다. 이는 옛날 아궁이에 불 때던 여인들이 자궁암에 걸리지 않았던 것과 같은 이치입니다.

노리칸에서 2~3시간 더 불 땐 후 위로 이동

인내의 시간인 15~16시간이 지나면 봉통 바로 위 칸인 노리칸으로 이동합니다. 이 노리칸 안에도 기물은 없습니다. 봉통 불을 많이 때어도 온도가 어느 정도 오르지 않으면 불을 마음껏 조절할 수 없습니다. 그래서 봉통 바로 위쪽에 따로 작은 칸을 만들어 높고 2, 3시간 더 불을 때기 때문에 노리칸이라고 합니다.

내가 사용하는 가마는 보통 5칸인 다른 가마보다 많은 9칸짜리인데 그래서 봉통 불도 더 많이 때고 노리칸도 따로 있습니다. 하지만 가마에 따라서는 노리칸 없이 첫 번 째 칸이 노리칸 역할을 하는 가마도 있습니다. 노리칸을 다 때고 나면 본격적인 불과의 투쟁이 시작됩니다.

언젠가 TV 방송국에서 우리 가마의 불 때는 현장을 촬영하기 위해 나온 적이 있었습니다. 그때 카메라 기자가 봉통 입구에 카메라 렌즈를 대고는 왜 익어가는 도자기가 안 보이냐고 묻곤 했습니다. 이것은 도자기 가마를 잘 모르기 때문입니다. 불때기의 진수는 칸 불에 있습니다.

장작 가마를 보면 봉통부터 시작하여 각 봉우리들이 계단식으로 되어 있습니다. 앞에서 언급한 바와 같이 처음에는 봉통 불을 때고 그 다음에는 한 계단 올라가 노리칸 불을 땝니다. 또 한 계단씩 올라가며 1번 칸, 2번 칸, 3번 칸…. 이렇게 차례대로 계단을 올라가면서 불을 땝니다. 각 칸 안에는 기물이 들어 있습니다. 칸 불이란 이런 기물이 들어 있는 칸에서 불을 때는 것입니다. 칸 불은 유약을 녹인다 하여 '녹임 불', 불살이 크다 하여 '큰 불'이라 부르기도 합니다.

자! 그러면 칸 불을 통해 본격적인 불때기로 들어갑시다. 칸 불은 변화무쌍한 요변, 즉 장작 하나로 모든 것이 실패로 끝날 수도, 명품을 탄생시킬 수도 있는 찰나의 세계입니다. 요변이란 무엇일까요? 가마 안에서 장작불에 의해 형성되는 도자기 때깔의 변화입니다. 칸 불은 도자기가 들어 있는 칸에 때는 불을 뜻합니다.

봉통을 거쳐, 노리칸을 지나 1번 칸에 불때기를 시작합니다. 1번 칸은 이미 피움 불을 통해 기물이나 가마 벽의 수분뿐 아니라 불을 조절할 수 있는 분위기(1,000도) 이상 온도가 올라 있습니다. 먼저 막아 놓았던 흙을 긁어내고, 벽돌을 빼내어 장작을 던질 수 있는 공간을 확보합니다.

장작 던지는 구멍이 확보되면 먼저 가마를 살핍니다. 가마 내부를 살펴보면 이미 상당한 온도임을 알 수 있습니다. 온도를 어떻게 아느냐고요? 가마 공간의 빛깔(불꽃 색깔이 아닌, 달궈진 가마 내부)을 보면 알 수 있습니다. 일반적으로 불꽃 색깔을 보고 결정하는 사기장도 많으나, 장작 가마는 가마 속 공간 빛깔을 보고 결정합니다.

불가마 속 온도는 내부공간의 색깔로 판단

가마 내부 공간이 불그스레하면 1,100도 이상, 형광등처럼 밝아지면 1,250도, 그리고 투명한 빛이 광선처럼 빛나면 1,300~1,350도입니다. 이것을 글로서는 충분히 설명할 수는 없습니다.

오늘날의 사기장 대부분은 온도를 측정하는 콘을 가마 내부에 설치해 콘이 넘어지는 것으로 온도를 압니다. 사기장인 아버지로부터 산 경험으로 배우고 익힌 나는 가마 공간 안의 색깔만으로 온도를 판단합니다. 아무리 과학이 발전했다 할지라도, 숙련된 사기장이 불 색깔을 보고 판단하는 것이 최첨단 컴퓨터 온도계보다 더 정확할 수 있습니다.

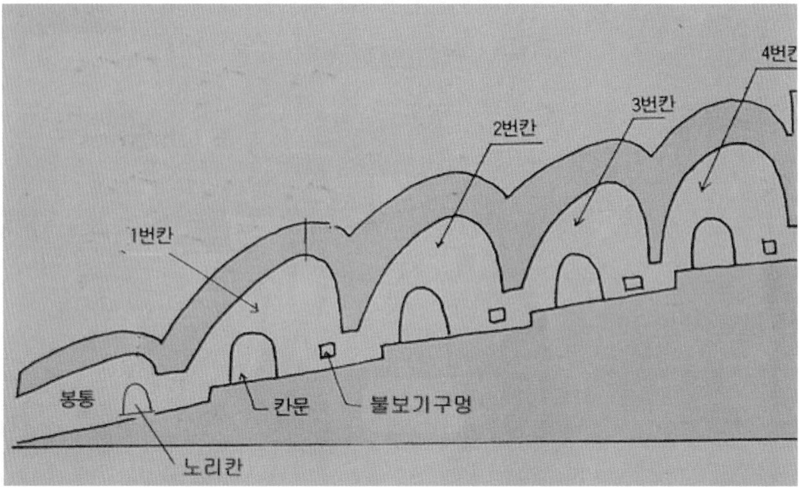

장작불가마의 단면도

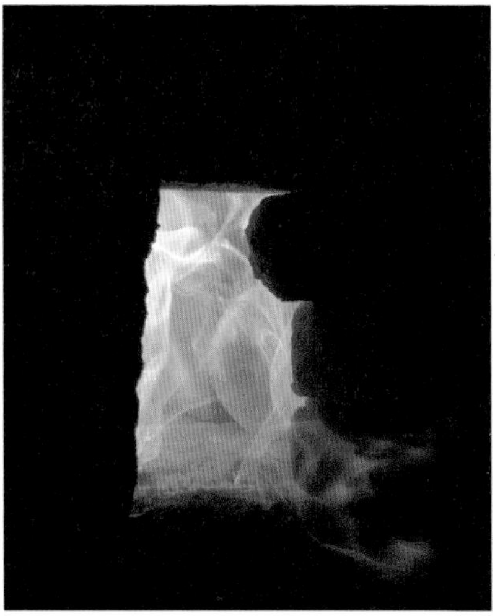

사진 왼쪽보다 오른쪽 불색이 더 밝다. 이는 오른쪽의 화도가 더 높아졌기 때문이다.

칸 문을 열어 온도를 감으로 체크한 뒤, 불을 어떻게 때야 할지를 결정해야 합니다. 아버지는 이렇게 가르쳤습니다. "화도(온도)는 올릴 때 올리고, 삭힐 때 삭혀라."

첫째, "올릴 때 올려라"는 말은 장작 가마에는 여러 가지 가변요인(바람세기, 습도, 기압)이 많기에 온도가 올라갈 시기를 놓치면, 아무리 온도를 올리려고 노력해도 온도가 잘 올라가지 않는 경우가 많습니다. 그래서 타이밍을 놓쳐서는 안 된다는 뜻입니다.(1,200도 이상의 고화도일 경우)

둘째, "삭힐 때는 삭혀라"는 불을 때다 보면 장작이 다 타지 않고, 쌓일 때가 있습니다. 이 때에는 장작이 타서 재가 되도록 기다려야 된다는 뜻입니다. 삭히지 않고 계속 장작을 투입하면 오히려 화도가 떨어집니다. 또 가마가 고화도일 때는 가마 내부의 압력이 높아집니다. 그래서 불을 때다 보면 가마가 '펑' 하고 터질 수도 있습니다. 이것도 불을 삭힘으로서 해결됩니다. 장작을 던질 때는 장작이 골고루 열이 분산되도록 던져야 하며, 바로 옆에 기물이 있기 때문에 기물에 닿지 않도록 주의해야 합니다.

불을 때는 땔감으로는 소나무만을 고집합니다. 그 이유는 무엇일까요? 예를 들어 참나무는 화력은 셉니다만 재가 숯 덩어리 상태로 오래 있습니다.

이러다 보면 이 덩어리가 살창 구멍을 막습니다. 살창 구멍이 막히면 공기가 잘 주입되지 않고, 공기 주입이 잘 되지 않으면 온도가 오르지 않습니다. 소나무는 재가 빨리 미숫가루처럼 삭혀져 살창 구멍을 막지 않습니다. 또한 불꽃의 길이가 깁니다.

땔감인 소나무 중에서도 특히 좋은 것은 홍송입니다. 일반 소나무보다 홍송으로 불을 때면 도자기의 때깔이 더 좋습니다. 이유는 홍송이 품고 있는 미세한 산화철을 비롯하여 여러 가지 성분이 도자기의 유약과 결합하여 미묘한 맛을 내주기 때문입니다. 수입 소나무는 하역 때 바닷물에 담그기 때문에 소금기가 묻어 있을 때가 많아 사용을 삼갑니다.

온도를 올리기 위해 한 번에 장작 4~5개를 던집니다. 장작 4, 5개 던지는 것을 1고물이라 합니다. 이것이 좀 삭으면 다시 1고물을 반복하여 넣고, 이것을 여러 번 반복한 후 어느 정도 시간이 지나면 다시 가마 속 안 기물을 쳐다봅니다. 그러면 기물의 전(컵으로 치면 입 닿는 곳) 부분이 보이고, 좀 더 유심히 보면 그것이 투명하게 빛나기 시작합니다. 이것은 유약이 본격적으로 녹기 시작했다는 뜻입니다.

물은 낮은 대로 흐르지만 불의 열기는 위로 오른다

가마가 왜 계단식으로 되어 있을까요? 그것은 가마에 경사가 있기 때문입니다. 열은 낮은 곳에서 높은 곳으로 이동하고, 물은 높은 데서 낮은 데로 흐르는 것이 자연의 이치입니다.

그래서 가마의 봉통을 제일 낮게 하고, 굴뚝 부분을 가장 높고 비스듬하게 만들면 열이 더 잘 올라갑니다. 경사를 좀 더 급하게 만들면 열이 더 잘 오르지 않느냐고요? 맞습니다. 그러나 경사가 급하면 도자기가 익을 시간 동안 불이 가마에 머무르지 않고 열이 위로 다 올라가 버려 그릇이 설익어 버립니다. 물론 가마의 내부 구조로서 일부는 조절이 가능합니다. 가마의 구조를 자세히 보면 열이 각 칸에 머물게끔 설계되어 있습니다.

그러나 도자기의 불때기는 화도를 높이는 것만으로, 또 높은 열이 가마 속에 머무는 것만으로 완성되는 것이 아닙니다. 불때기에서 가장 중요한 것 중 산화불, 중성불(평불), 환원불이라는 것이 있습니다. 불때기가 불 때는 것이지, 도대체 산화불, 환원불이 뭐냐고요? 왜 그런 어려운 말을 쓰는지 모르겠다고요? 여기서 산화불, 환원불이란 말은 그나마 쉽게 표현하는 말입니다. 우리나라 도자기 책을 보면 '환원염 번조 소성' 이라고 돼 있습니다. 이 말이 바로 '환원불때기' 입니다. 어느 말이 어렵습니까?

우리나라 도자기 책은 일본 식민지 시대에 사용하던 용어를 아직도 많이 쓰고 있습니다. 저는 국어학자는 아니지만, 최대한 쉽게 그리고 우리말로 도자기를 설명하려고 노력하고 있습니다.

자, 그럼 다시 불때기 이야기로 돌아와서 산화불, 환원불을 설명하겠습니다. 조금만 과학적으로 설명하겠습니다. 가마의 온도를 올릴 때 처음에는 평불(중성불)을 땝니다. 이 평불은 특별한 기법 없이 그저 장작으로 화도를 올리는 것입니다. 어느 정도 고온에 도달하면, 장작이 재가 될 때까지 기다렸다 또 장작을 던지고, 그러기를 여러 번 계속하면서 불 속에서 익어가는 기물이 충분히 산소를 공급 받게 하는 것이 산화불입니다. 환원불은 장작이 완전히 다 타서 재가 되기 전에 장작을 계속 던져 불완전 연소(그을음 발생)가 가마 내부에서 생기도록 하는 것입니다.

불완전 연소가 완전 연소로 되기 위해서는 기물에서 산소를 빼어가야 하는데 이것이 바로 환원불입니다. 이 환원불을 받은 도자기의 색깔은 산화불을 받은 것과 다릅니다. 또 평불을 때다가 환원불이나 산화불을 시도할 시점의 가마의 온도 역시 사기장에 따라 다릅니다.

나의 아버지는 화학의 '화' 자도 모르지만 '불때기의 귀신' 이라는 소리를 듣고 있습니다. 아버지의 입을 빌려 먼저 산화불을 설명하면 이렇습니다. "장작을 넣고, 그 장작이 다 타서 재가 되면 또 장작을 넣고, 또 그것이 다 타서 재가 되면 또 장작을 넣으면서 천천히 화도를 올리는 것이다. 이 때는 막았던 봉통 입구도 틔워 놓아 공기가 충분히 들어가게 할 것이며, 가마 안이 공기가 잘 타도록 굴뚝도 열어 놓고 불 때는 것이다. 그릇장이는 사실은 불쟁이다."

봉통 불은 가마를 익히기 위한 사전 불때기

조금 더 보충 설명하면, 사실 우리나라에는 산화불로 때서 빚은 도자기가 별로 없습니다. 500년 전 옛 진주 지방에서 유기의 노란색을 흉내 내기 위해 노랗게 빚은 제기용 사발들이 일본에 가 국보와 보물이 되었다는 이야기는 많은 사람들이 이미 알고 있습니다. 일본인들은 이것들을 '이도다완' 이라 부르고, 나는 '황도사발' 이라고 합니다. 일본인들은 노랗게 된 이 발색을 ' 신이 내린 환상의 색깔 '이라고 합니다.

바로 이 노랗게 된 황도사발이 산화불을 때서 만든 우리나라 도자기를 대표합니다. 이 사발의 가장 큰 특징이 노란색이라는 것입니다. 투명한 유약을 입힌 도자기 중에서 태토색이 노랗게 보이면 산화불이라고 생각하면 됩니다. 노랗게 보이는 이유는 투명 유약이 덮여 있는, 유약 안의 흙 색깔이 노랗기 때문입니다. '그릇장이가 불쟁이' 라는 것은 불이 도자기에 있어서 가장 중요하다는 뜻입니다.

또 환원불의 설명은 이렇습니다. "장작을 잘게 쪼개 불살이 끊어지지 않게 계속해서 던지는 것이다. 장작을 계속 던지다 보면 장작이 재가 될 시간이 부족해 그을음이 많이 생긴다. 환원불은 이 그을음을 계속 나게 하는 것이며, 그러나 그을음이 너무 많아 온도가 떨어지게 해서도 안 된다. 그리고 이 불을 땔 때는 가마의 구멍을 장작 던지는 곳만 남겨 놓고 구멍은 다 막아 공기가 가마에 못 들어가도록 해야 한다. 그리고 어느 정도 시간이 지나면 보통처럼 불때기를 하면 된다. 이 불을 땔 때는 굴뚝에 시커먼 연기가 많이 나온다."

우리나라의 대표적인 환원불 도자기는 뭐가 있을까요? 고려청자, 분청, 조선백자 다 환원불입니다. 과학적으로 엄밀히 말한다면 '환원성 중성불' 입니다. 어, 그런데 푸른 청자에도 노랗게 된 부분이 있고, 분청자기에도 있고, 조선백자에도 어떤 것은 자세히 보면 노란 부분이 있다고요? 맞습니다. 이것은 우리의 옛 사기장들이 본래는 환원불을 때다가 어쩌다가 불때기의 실수로 부분적으로 산화불이 되어 노란 부분이 생긴 것입니다.

산화불 중성불 환원불

똑같은 흙과, 똑같은 유약, 같은 가마에서 불을 땠지만 불 때는 기법에 따라 도자기의 때깔이 다르게 나온다.

우리나라식 장작 가마에서는 이 환원불은 완벽한 환원불이 되기 힘듭니다. 중국의 환원불 가마는 불을 때면 절로 환원이 되도록 설계되어 있습니다. 중국의 가마는 환원이 완벽하게 걸리고, 대량생산에도 유리합니다. 그래서 중국 도자기가 기술적으로는 우리보다 완벽해 보이기도 합니다. 하지만 도자기의 예술적 가치는 우리가 훨씬 우수합니다. 우리나라의 장작 가마는 장작을 던지면서 사기장이 불을 조절하도록 돼 있어 환원불 실패율이 높고, 생산성도 낮습니다.

하지만 우리나라 장작 가마만이 낼 수 있는, 가마 속에서 자연적으로 발생되는 요변(가마에서 절로 형성되는 때깔)의 그 맛이 획일적인 중국과는 비교도 안 될 만큼 아름답습니다. 또한 우리나라 도자기는 실패한 것처럼 보이는 것도 많지만, 실패처럼 보이는 그 맛이 오히려 더 예술적입니다.

옛 도자기의 실패한 듯한 맛이 더 예술적인 멋

우리나라의 옛 도자기가 선진국의 예술품 경매 시장에서 중국 도자기보다 월등히 비싼 것도 우리 도자기에서 풍겨 나오는 예술적 가치와 따뜻한 맛 때문입니다. 세계적인 미술품 경매시장에서 가장 비싼 도자기 1, 2, 3등은 모두 우리나라의 옛 도자기입니다.

자, 다시 불 때는 현장으로 가 봅시다. 1번 칸의 장작 투입구를 막았습니다. 이제 2번 칸으로 출발합니다. 이 칸에는 산화불을 받아야 아름답게 되는 기물을 넣고 불을 땝니다. 이유는 가마 2, 3번 칸의 경사가 다른 칸에 비해 완만하기 때문입니다. 우리나라에는 이런 것이 없지만, 일본의 산화전문 장작 가마(오리베 야끼)에는 경사가 아예 없는 것도 있습니다.

앞에서 온도를 올릴 때 올려야 된다고 했습니다. 2번 칸에 들어오자마자 온도를 올리기 위해 장작을 던집니다. 그러길 몇 번, 어느 정도 시간이 지나고 가마 안의 기물을 장작 투입구를 통해 쳐다봅니다. 그러면 앞줄의 기물들이 유약이 녹아 투명해지기 시작한 것이 보입니다. 그런데 왜 그리 빨리 유약이 녹느냐고요? 봉통 불, 노리칸, 1번 칸을 거치면서 2번 칸도 이미 상당한 온도에 도달해 있기 때문입니다. 장작 가마를 연속 가마(登窯)라 부르는 것도 열이 계속해서 연결되어 전달되기 때문입니다.

조금 도자기를 아시는 분은 이런 질문을 하고 싶을 것입니다. "산화, 환원은 이미 유약이 투명하게 녹기 전에 결정되는 것 아닙니까?" 그렇습니다. 그러나 제가 2번 칸에 넣은 기물의 유약은 투명유라서 산화에도 투명하고, 환원에도 투명합니다.

그러나 태토의 발색은 완전히 다릅니다. 나는 지금 태토를 산화시키는 불을 때고 있는 중입니다. 태토는 유약보다 더 늦게 산화, 환원 반응이 일어납니다. 이유는 유약이 태토를 감싸고 있고, 태토가 유약보다 훨씬 화도가 높기 때문입니다.

일본인이 쓴 책에는 우리 황도사발의 유약을 투명유인데도, '이도 유약' 이라고 표현하고, 황도사발의 노란 때깔을 '이도 유약의 때깔' 이라 표현하는 경우가 많습니다. 그리고 이 일본 책에 입각하여 유약이 노랗게 나오게 하려는 사기장도 있습니다. 하지만 그것은 전혀 아닙니다. 황도사발이 노란 것은 유약이 투명하며 조질 백자의 태토가 산화불을 받아 노랗게 발색했기 때문입니다. 다시 말하면 황도사발의 노란 발색은 산화불에서 나오는 '불 맛' 입니다."

다시 2번 칸으로 되돌아 와서, 장작 투입구를 통해 기물을 보면 기물이 부분적으로 투명해져 있습니다. 이때부터 산화불에 들어갑니다. 장작을 한 번 던질 때 3~4개를 넣고, 이것은 1고물이라 했습니다. 한 고물, 두 고물, 세 고물 이렇게 반복해서 충분히 산화시킵니다.

그만할 때를 아는 것은 많은 불때기의 경험

뒤쪽 불보기 구멍을 열어 차례차례 불보기를 꺼내 보고, 그 불보기의 발색을 체크하며 불을 조정합니다. 시간이 지나면서 불보기 때깔이 점점 노랗게 변해가는 것을 볼 수 있습니다. 불보기의 발색을 보고 다 됐다 싶으면, 장작을 그만 넣고 3번 칸 불때기 준비에 들어갑니다. 장작 가마에서 지나치게 산화가 이루어지면 도리어 발색에 문제가 생기기 때문에 산화불을 그만둘 시점은 정확해야 합니다.

그만할 때를 아는 것은 바로 수많은 불때기의 경험에서 나옵니다. 왜냐하면 불때기를 전부 끝내고 가마를 식혀서 작품을 꺼내 보면 불땔 때 본 불보기와 다른 때깔을 가진 경우가 너무 많기 때문입니다. 2번 칸은 거의 끝났습니다. 이때부터는 뜸들이기에 들어갑니다. 뜸 들이는 이유는 밥을 할 때 뜸들이는 원리와 같습니다. 이러다 보면 3~4시간 정도 걸립니다.

2번 칸 장작 투입구를 막고, 3번 칸 문을 열어 장작 투입구를 확보합니다. 그리고 2번 칸에 했던 것을 반복합니다. 3번 칸도 산화불이기 때문입니다. 산화불에 적당한 기물을 이미 넣어두었기 때문에 산화불을 때야 합니다. 그리고 3번 칸도 2번 칸과 마찬가지로 뜸들이기를 합니다.

그러면 다음에는 4번 칸으로 올라갑니다. 이 칸부터는 평불(중성불)이 시작됩니다. 불 땔 때 걸리는 시간은 환경조건(날씨 또는 가마 속의 기물의 양)에 따라 다릅니다. 아참, 불때기를 하면서 불의 색깔을 보고 온도를 판단한다고 했죠? 불만 계속 보면 적외선에 의해 눈이 나빠질 수 있으므로 불을 때다가 항상 먼 하늘이나 산 쪽으로 한 번씩 쳐다보아야 합니다. 사기장들은 불을 때서 도자기를 익혀서 완성합니다. 그런데 이 불때기 과정을 도자기를 익힌다는 말을 쓰지 않고, '가마를 익힌다' 라고 하였습니다.

이 말은 아무리 불을 많이 때도 가마가 열을 받을 준비가 되어 있지 않으면 도자기가 익지 않기 때문입니다. 가마 내부에 있는 기물이 익으려면 가마가 고온을 받을 준비를 끝내야 합니다. 좀더 구체적으로 표현하면 가마 내부의 공기, 그리고 가마를 둘러싸고 있는 가마 벽 등이 고온을 받을 모든 환경 조건이 완벽히 갖추어져야 한다는 뜻입니다.

그래서 옛 사기장들은 가마를 살아있는 신에 비유하며, 가마관리에 모든 정성을 다 했습니다. 가마신은 여자신이고, 불때기란 도자기라는 옥동자를 순산하는 것이라고 이미 설명했습니다. 실제로 가마는 잘 삐집니다. 장마철이 지나면 공불(도자기를 넣지 않고, 가마의 습기를 제거하는 불)을 때지 않으면, 자기의 옥동자인 도자기를 잔인하게 파괴시켜 버리곤 합니다. 장마철이 지나고 공불 없이 불때기를 하면 가마 속의 미세한 습기 때문에 작품의 굽 부분의 유약이 말린다든지, 전 부분의 유약이 떨어지는 경우가 많이 발생합니다.

가마신은 여신女神, 도자기는 옥동자의 산고産苦

너무 추운 날 불을 때면 어쩌다 '냉파'(불 때는 도중 가마 속에서 차가운 공기층이 형성되어 가마 속 도자기를 모두 파괴)라는 정말로 사악한 공기를 불러들여 가마는 자기의 옥동자를 무참히도 깨어 버립니다. 이것은 정말 공포입니다. 아버지도 언젠가 불때기 도중에 냉파를 만난 적이 있습니다. 그 경험담을 들어보면 한 겨울 불때기 도중 '징…징…찌…잉' 하는 아주 맑은 소리가 5분 정도 지속되었다고 합니다.

불때기가 끝나고 가마 문을 헐고 가마 속을 보니 너무나도 작품이 잘 익어 있었다고 합니다. 너무 좋아 이것을 바깥으로 꺼내는 순간 도자기가 반으로 쩍쩍 쪼개지더라는 것입니다. 그것도 한 두 개가 아니고 전부였다고 합니다. 4개월 동안 열심히 빚었는데 불을 때서 남은 작품이라곤 조그마한 잔 몇 개만 남았으니 그때 사기장의 심정은 어떠했겠습니까?

자! 다시 불 때는 현장으로 가봅시다. 이번 칸은 4번 칸으로 평불(중성불)입니다. 평불, 그냥 평범한 불이라는 뜻입니다. 그러면 불때기가 아주 쉽겠다고요? 어떻게 말할까요? 수영을 배울 때 배영, 접

칸 불을 넣는 장면

칸 불에 나무를 던지자마자 불꽃이 확 타오르고 있다.

영, 평영 등이 있지만 모두 다 배울 때 기본 원리는 마찬가지요? 불때기도 그렇습니다.

앞에서 불때기는 가마를 익히는 것이라 말했습니다. 장작 가마는 연속 가마라 처음 봉통 불을 거쳐 1,2,3번 칸을 불을 때었기 때문에 4번 칸은 거의 가마가 익은 상태입니다. 3번 칸의 장작 투입구를 흙으로 막고, 4번 칸 문을 열어 장작 투입구를 확보해 가마 내부를 보면 이미 1,200도 이상임을 알 수 있습니다.

4번 칸부터는 장작 한, 두 고물만 더 던져도 전이 투명해지고(전났다) 그 후에 다시 서너 고물 더 던지면 앞쪽의 기물은 유약이 녹아 대부분 투명해집니다(날났다). 그리고 장작을 던져보면 장작이 재가 되는 속도가 아주 빠릅니다. 이것을 재가 빨리 '삭는다' 고 합니다.

장작이 재로 빨리 된다는 것은 그 만큼 화도(온도)가 빨리 높아진다는 뜻입니다. 기물이 빨리 익어서 좋겠다고요? 아닙니다. 지금부터 불과의 처절한 싸움이 시작됩니다. 열을 올릴 때 올려야 된다고 했죠? 그러나 4번 칸부터는 이미 열은 오를 만큼 올라 있습니다. 지금부터는 열을 잡아서 가마 내부에 일정시간 머물게 하고 그 열이 고루고루 퍼져 기물을 익히도록 해야 합니다.

불때기는 공식보다는 감感… 리듬이 중요

여기서 열을 잘못 높이면 가마 안에 있는 기물들은 혹이 나버리거나 무너져 버립니다. 그렇다고 불을 약하게 때고 5번 칸으로 올라가 버리면 가마 안의 기물은 익지 않고 설게 됩니다. 보통 4번째 칸에 불을 때는 시간은 봉통 불이 저녁 6시에 시작하여 하루 24시간이 지나고, 또 5~6시간을 더해, 새벽 1~2시에야 시작됩니다.

이때부터는 정말 피로가 몰려옵니다. 언제인가 한 번은 하도 피곤해서 제자(아버지 제자)에게 잠시 장작을 맡긴 적이 있었습니다. 불때기를 잠시만이라도 맡길 수 있는 제자는 우리 가마에 입문한 지 최소 5년 이상 돼야 합니다. 그 때 나에게 장작 던지는 것을 물려받은 이 제자는 지금까지 제가 불 때던 스타일대로 불을 땠습니다.

잠시 뒤, 그는 불이 이상하다며 피곤해 졸고 있던 나를 깨웠습니다. 깜짝 놀라 가마 속을 들여다보았습니다. 정말! 정말! 칸 속에 있는 기물들이 부르트고, 어떤 것은 불을 하도 많이 받아 기물이 녹아내려 떡처럼 되어 있었습니다. 가마는 '살아있는 생명과 같은 것' 이라는 설명을 안 한 죄치고는 너무 결과가 고통스러웠습니다.

운전하다 보면 기어를 넣을 때 여기서는 1단, 저기선 2단, 3단이라 계산하지 않고 상황에 따라 무의식적으로 기어를 넣죠? 가마도 그렇습니다. 불 때는 공식은 있지만 그것보다 더 중요한 것은 리듬을 타는 것입니다. 이 리듬은 불 땔 때 모든 환경 조건을 계산하여 불을 땐다는 것입니다. 이것을 '감' 이라고 하기도 합니다. 즉 감각적인 불때기란 뜻이죠.

제자는 그저 공식에 집착해 불을 땠지, 불 때는 리듬을 놓친 것입니다. 그 날은 화창한 고기압의 날씨라 불이 잘 올라갔으며, 그날따라 장작 또한 굵게 쪼개진 장작만 있었던 것입니다. 그러다보니 제자가 장직을 잡고, 불을 때기 시작하자 얼마 안 가 화도가 제자의 생각보다 급히 올라갔던 것이죠.

불때기에는 기본 원리가 존재하지만, 여러 가변요인이 있기에 사기장은 감으로 그 순간순간 대처하지 않으면 안 됩니다. 그 때 4번 칸을 대 실패했습니다만 아픈 경험을 통해 성숙해진다는 말이 있듯이 그 제자는 독립해 지금은 의젓한 도예가가 되어 있습니다.

4번 칸부터는 앞의 2, 3번 칸 불 때는 시간보다는 빨리 불때기가 완성됩니다. 그러나 유약이 두껍게 발린 기물을 넣었거나, 태토 자체가 화도가 낮은 흙을 넣었을 때는 장작을 조심조심 던져야 하기에 시간이 한참 더 걸리기도 합니다. 다시 4번 칸 불 때는 현장으로 가봅시다.

4번 칸에서는 평상시는 한 30분 정도 장작을 넣으면 불 색깔이 형광등처럼 맑아집니다. 이 때부터 불보기 구멍을 엽니다. 그리고 그 뒤 장작을 던집니다. 장작 투입구의 불살의 때깔, 불보기 구멍에서 나오는 불살의 색깔을 비교하면 처음에는 장작 투입구의 불살은 맑으나 불보기 구멍에서 밖으로 나오는 때깔은 어두운 것을 알게 됩니다.

"도자기는 불때기라는 지옥을 거쳐 창출되는 미美"

장작을 계속 던지다 보면 장작 투입구의 불 색깔과 불보기 구멍의 불 색깔이 같아지기 시작합니다. 이 때는 가마 안의 뒤쪽 기물도 거의 다 익었다는 뜻입니다. 장작 1고물, 2고물을 던지고서는 적당히 삭히다가 또 장작을 던집니다.

다른 이야기 하나 하겠습니다. 프랑스 인상파 화가로 유명한 폴 고갱이, 순우리말로 사기장, 현대말로 도예가인 사실은 잘 알려져 있지 않습니다. 하지만 그는 도자기에 푹 빠진 도예가기도 했습니다. 그의 삶은 『달과 6펜스』라는 소설로 잘 알려져 있습니다. 그가 한 때 도자기에 몰입해 불때기를 하면서 그 불때기에 대한 자신의 심정을 표현한 글이 있습니다.

"도자기의 아름다움은 불때기라는 '지옥'을 거쳐 창출된다. 여기서 지옥이란 뜻은 기물이 도자기가 되기 위해 불때기 과정을 거친다는 뜻이다. 그러나 불때기 과정에서 많은 기물이 도자기가 되지 못한 채 파손된다. 그리고 이 불때기를 거쳐 완전한 도자기가 된 것은 인간이 지옥의 불길에서 타 죽음으로써 천벌의 불길을 벗어나 정화되어 다시 태어난 것과 같다."(「도자예술의 새로운 시각」)

이번에는 나의 이야기입니다. 지금부터 10년 전쯤으로 기억합니다. 일본의 큰 화랑에서 초대전을 하고 싶다고 연락이 왔습니다. 그 화랑은 세계적인 작가만 초대하는 유명한 화랑이었습니다. 작품이 준비되어 있지 않았습니다만 이 기회를 놓치고 싶지 않기에 일단 승낙을 했습니다.

밤낮없이 작품을 빚어 불때기에 임했습니다. 보통 우리 가마는 '불일'이라 불리는 불때기 바로 직전 작업인 유약 입히고, 가마에 쟁이고, 불 때는 그 자체만으로도 20일 정도의 걸립니다. 참! 가마는 1년에 불때기가 몇 번 하냐고요? 보통은 1년에 4번, 많으면 5번, 그 이상 더 때는 것은 불가능합니다.

그러나 워낙 큰 화랑이라 한 번의 불때기로는 작품량이 부족했습니다. 그러나 전시회 시간이 임박했기에 시간상 도저히 두 번 불때기는 할 수 없었습니다. 그래서 편법을 썼습니다. 쟁임(불때기 직전 가마 속에 기물을 쌓는 것)을 할 때 될 수 있는대로 작품을 많이 집어넣는 것이었습니다. 쟁임을 할 때는 불이 흘러 나갈 수 있는 불길을 터놓아야 합니다. 그런데 무리한 욕심으로 불길을 최대한 축소하여 될 수 있는 한 많은 양을 넣어 쟁임을 완수하고 불때기에 들어갔습니다.

1번 칸, 2번 칸, 3번 칸, 시간이 한참 걸렸지만 무난히 넘어 갔습니다. 그러나 저의 무리한 욕심을 알았는지 가마신은 냉정했습니다. 바로 4번 칸에서 일이 터져버렸습니다. 아무리 장작을 던져도 화도가 올라가지 않았습니다. 그리고 굴뚝에서 나오던 연기도 나오지 않는 것이었습니다. 가마 속을 쳐다보니 기물 위에 마치 고드름 같은 하얀 물질이 매달리기 시작했습니다.

그것은 보기에는 너무나도 아름다운 마치 종류석 같았습니다. 바로 이것이 비극의 시작이었습니다. 아니나 다를까 불길이 지나갈 공간이 없자 그을음이 쌓이기 시작했습니다. 그래도 계속 장작을 던지자 그 그을음이 불이 지나갈 공간을 다 막아 버렸습니다. 그 결과 아무리 장작을 던져도 불은 뒤쪽으로 흘러 나가지 않고 그 앞에서 뱅뱅 돌기만 했습니다. 고드름같이 보이는 것은 바로 그을음 덩어리였습니다.

시간이 지나면서 아버님이 이 사실을 알고는 대노했습니다. 그 후 내게 돌아온 것은 '장작 몽둥이찜질' 이었습니다. 아버지는 응급책으로 모든 칸 문을 다 열고 대형 선풍기를 동원해 그을음을 녹여가며 불을 땠습니다. 그 뒤 작품의 완성도는 말하지 않겠습니다. 일본 측에 긴급히 연락해 상황을 설명했습니다. 다행히도 장작 가마의 세계를 잘 아는 일본 큐레이터의 도움으로 그쪽을 이해는 시켰지만 그 전시회는 3년 뒤로 연기할 수밖에 없었습니다.

이 날 얻은 것이 있다면 가마신은 미리미리 준비한 자에게만 복을 내린다는 사실입니다. 가마신은 사기장이 마음을 비울 때 그때에만 명작을 내려줍니다. 마음을 비운다는 것을 잘못해 방심한다면 가마신은 더욱더 큰 벌을 내립니다.

사기장의 길은 명작이란 욕심도 버리고, 그릇장이라는 숙명을 운명이라 여기며 장작 한 개비 한 개비에 모든 정성을 다해 던질 때에만 진정한 장이가 되는 것이라고 가슴 깊숙이 되새깁니다.

그릇장이는 가마 속 기물이 익어가면서 '광기'狂氣

엉뚱한 소리를 했습니다. 그러다 보니 5번 칸이 거의 완성되었습니다. 6번 칸도 평불로 땝니다. 평불에 어울리는 작품을 가마 속에 넣어놓았기 때문입니다. 자! 다음은 장작과 사투를 벌이는 6번, 7번 칸 이야기입니다.

이곳은 어느 화가의 창작의 산실입니다. 화가는 자기 가슴 속에 있는 형상을 붓으로 토해냅니다. 붓으로 그리면서 생각하고 또 생각합니다. 어쩌다가 마음먹은 대로 되지 않습니다. 붓으로 캔버스를 치다가 때로는 붓을 내동댕이치기도 합니다. 그리고 불현듯 소주 한잔을 들이킵니다. 그리고는 다시 붓을 잡습니다.

어디선가 새벽의 범종 소리가 들립니다. 새벽녘이라 골바람이 위에서 밑으로 불고 있습니다. 그릇장이가 장작을 넌지고 또 던집니다. 가마 안에서는 투명한 형광 등불 같은 빛 아래, 작품이 익어가고 있습니다.

불보기를 꺼내봅니다. 거의 다 익은 것 같습니다. 그러나 그릇장이는 작품이 익어갈 때, 그때부터 광기가 시작됩니다. 한 고물(장작 3, 4개) 더! 옥처럼 반짝이게, 그러나 그 반짝임이 가벼워서는 안돼! 그리고 한 고물 더! 이 순간 한줄기 불안감이 불현듯 저의 뇌리에 스쳐갑니다.

"불이 너무 센 것은 아닐까? 잘못하면 작품이 터지거나 혹이 나진 않을까?"

그릇장이의 길은 다 버리더라도 단 한 점, 그 명품을 세상에 내어놓아야 하는 숙명의 길입니다.

어디선가 수탉의 울음소리가 들립니다. 먼 하늘부터 맑은 빛이 약간씩 서서히 다가오고 있습니다. 이제는 정말로 결정을 내려야 합니

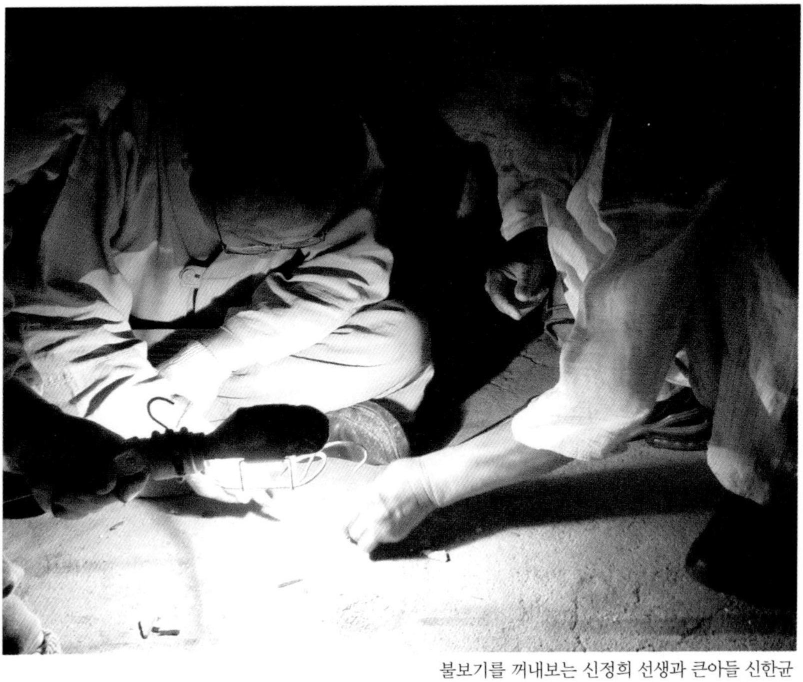

불보기를 꺼내보는 신정희 선생과 큰아들 신한균

다. 장작을 더 던질지, 그냥 위로 올라갈지. 이때는 그 어느 누구라도 도와 줄 수 없습니다. 장작을 잡은 자만이 결단을 내릴 수 있기 때문입니다. "단 한점만이라도 명작을…" 이 말을 되새기며 또 장작을 던집니다.

화가는 그린 그림을 붓으로 다시 고칠 수 있건만, 그릇장이는 가마 속에서 벌겋게 익어가는 도자기를 어떻게 바꿀 수 없습니다. 그래서 그릇장이의 붓인 장작은 인간의 손을 떠나면 되돌릴 수 없습니다. 장작이 손을 떠나는 순간 그릇장이의 가슴도 같이 타오릅니다.

봉통을 거쳐 지금은 6번 칸을 때고 있습니다. 지금부터는 달 항아리를 탄생시키는 불때기 이야기를 하겠습니다. 우리나라의 장작 가마는 각 칸이 연결된 연속 가마라 봉통에서 5번 칸까지 도자기를 익히면서 불을 때다 보니 6번 칸의 온도는 이미 1,200도를 넘어서 있습니다. 보통 1~2고물이면 가마 속 앞쪽의 기물들은 바로 투명해져(이것을 '날났다'고 합니다) 불속에서 빛나는 것이 눈에 훤히 보입니다.

저는 불때기 전 쟁임을 할 때 두 줄로 잽니다. 앞쪽은 불 때는 바로 불 턱 옆을 말하며, 뒤쪽은 불보기 꺼내는 쪽을 말합니다. 앞 쪽에는 화도가 높은 태토로 된 기물과 화도 높은 유약을 입힌 도자기를 재어 놓고, 그 뒤쪽에는 뒤쪽에 맞는 기물을 재어 놓고 불을 땝니다. 앞쪽과 뒤쪽의 온도 차이는 20~30도 정도 차이가 나기에 각각의 온도에 맞도록 기물을 잰다는 뜻입니다.

제가 가장 긴장하는 칸은 6~7번 칸입니다. 그 이유는 달 항아리가 탄생되는 칸이기 때문입니다. 달 항아리! 먼저 여기에 대해 설명하겠습니다. 있어도 없는 듯, 이 달 항아리는 조선 시대 우리 민족에게 가장 사랑받았던 백자 항아리입니다. 백색이라는 단순한 색으로 소박하고 평범한, 그러나 보면 볼수록 품위와 후덕함이 느껴지는 마치 종갓집 맏며느리 같은, 옆에 있으면 마음이 맑아지는 항아리입니다.

지금 제가 불로 익히고 있는 달 항아리는 백자가 아닌, 분청기법으로 만든 달 항아리입니다. 백자 달 항아리는 화도가 높은 하얀 백자태토로 빚습니다. 이 가마의 달 항아리는 점토에 하얀 분을 발랐기에 마치 백자 달 항아리처럼 보입니다만, 엄밀히 말해 분청 달 항아리입니다.

이 달 항아리의 유약은 옥처럼 맑고 투명하게 보이도록 특별히 만듭니다. 이 유약을 완성하기까지는 아버님께서 엄청난 시행착오를 겪었습니다. 그것을 제가 이어받아 지금 불을 때고 있습니다.

한 고물을 더 던지느냐, 마느냐가 성패 가늠

서론이 길었습니다. 다시 달 항아리를 불 때는 6번 칸으로 가 보시죠. 앞쪽에는 날이 나 번쩍이다 못해 맑은 가을날 깊은 호수에 빠진 태양처럼 빛나고 있습니다. 그리고 뒤에서 불보기 하나를 꺼내봅니다. 이제 겨우 유약이 들어붙었습니다.(이것을 '땀났다' 고 합니다)

조심스레 또 한 고물을 던집니다. 급하게 던지면 앞쪽의 기물의 유약이 가마 바닥으로 흘러내릴 수 있기 때문입니다. 또 한 고물을 던집니다. 그리고 먼 하늘 쪽 어딘가를 쳐다봅니다. 눈을 보호하기 위해서입니다. 몸에는 땀이 많이 흐릅니다. 그러나 그 땀은 금세 가마의 달아 오른 열에 의해 하늘로 날아가 버립니다.

이러기를 40분 정도, 또 불보기를 꺼내 봅니다. 불보기의 유약이 빛나기 시작합니다. 바로 이 순간부터 이때까지 때던 어느 칸의 불때기보다 격렬한 사투를 시작해야 합니다. 그냥 유약만 녹여 완성되면 일반 백자 항아리와 다를 게 없기 때문입니다. 우리 가마의 달 항아리는 하얀 항아리에 '요변'이라는 파란 그림을 그려야 합니다.

그러나 이 달 항아리의 태토는 분청태토라 백자태토보다는 훨씬 화도가 약합니다. 장작을 잘못 던지면 모두 혹이 나거나 무너집니다. 위험합니다. 가는 장작을 준비합니다. 그리고 다시 한 고물, 한 고물 장작을 빨리 던져야 합니다. 불안과 초초, 그러나 명작이란 '화두' 앞에 실패의 옛 추억은 순간 잊어버립니다. 그러기를 여러 번 다시 가마 속을 쳐다봅니다. 또 불보기를 내어 봅니다. 불보기의 유약은 다 익었고 태토도 급속히 변화하기 시작합니다.

어디선가 강한 바람이 불어옵니다. 강한 바람에 화도가 갑자기 높아질까 걱정입니다. 이제는 삭힐 때입니다. 삭힌다는 것은 가마 내부의 온도를 균일하게 하는 것이요, 고온으로 발생된 압력을 분산하는 것입니다. 또 불타는 장작이 빨리 재가 되게 하는 것입니다.

6번 칸부터는 가마가 벌겋게 달아 있어 장작을 던지자마자 재로 변하고, 조금 있으면 그 재는 기화되어 하늘로 날아가 버리지만 계속해서 빨리 장작을 던졌기에 가마 속에서 장작이 쌓여, 그것이 재로 삭을 시간이 필요합니다.

그러나 너무 오래 삭히면 화도가 떨어집니다. 그래서 가는 장작만 골라 계속 던집니다. 그러기를 몇 번, 또 다시 불보기를 내어봅니다. 그리고 불보기를 조용히 식힙니다. 마치 밤하늘의 반딧불 같은 불보기가 점점 빠알간 색을 잃어갑니다. 그리고는 불보기의 유약이 투명해지기 시작합니다. 조금 더 시간이 지나자 무슨 소리가 들립니다.

"띵-띵-띵-" 불보기가 식으면서 유약에 빙렬이 생기기 시작합니다. 띵-띵-띵-- 2~3분 정도 계속 울립니다. 이 소리의 맑은 정도를 가지고 가마 속의 도자기가 어느 정도 익었는지 알 수 있습니다.

장작 한 개에도 정성 다해야 '옥동자' 탄생

거의 다 되었나 봅니다. 이제는 뜸 들여야 될 시간입니다. 뜸 들인다는 것은 혹시 가마 속에 덜 익은 달 항아리가 있을까 봐 천천히 한 고물, 또 한 고물 더 장작을 던진다는 의미입니다. 그러기를 20~30분 마지막 불보기를 꺼내 봅니다. 장작 투입구에서 발산되는 열을 막기 위해 최대한 얼굴을 가려서 가마 속을 봅니다. 다 된 것 같습니다.

한 고물 더 던질까 말까 한참을 고민하다가 6번 칸 장작 투입구를 흙으로 봉합니다. 뒤 칸인 7번째 칸을 헐어 장작 투입구를 확보합니다. 7번째 칸입니다. 쉴 시간이 없습니다. 바로 불과의 전투가 시작됩니다. 어쩌다 보니 껍질은 벗겼는데도 소나무 껍질이 일부 그대로 있습니다. 낫으로 다시 껍질을 벗깁니다. 송진이 모인 옹이를 제거합니다. 송진 덩어리는 불 속에서 탁탁 튀어 안에 있는 기물을 해칠 수도 있습니다.

달항아리, 신정희作

사정없이 장작을 던지고 또 던집니다. 이 순간 벌겋

게 달궈진 가마는 정신없이 장작을 받아 재로 만들어 하늘로 보냅니다. 불살이 기물을 휘감고 있습니다. 자세히 보니 한 쪽으로 불살이 몰립니다. 얼른 굴뚝 위에 올라가 굴뚝을 요리조리 막습니다. 그리고 끊임없이 리듬을 타고 장작을 던집니다.

이때 내 머리 속에는 아무것도 없습니다. 단지 타는 장작 내음과 불살, 그리고 고열의 가마 칸 안에서 발산되는 형광빛 그 자체만 있습니다. 걱정된 듯 아버님께서 불 때는 내 옆으로 오십니다. 가마 안을 쳐다보고는 말없이 아버님 방으로 돌아갑니다.

이제는 새벽을 지나 아침입니다. 집사람이 밥상을 가지고 나옵니다. 내가 식탁에 가서 밥 한술 뜨면 되지만 장작 잡은 사람은 가마에서 1m 이상 떠나서는 안 됩니다. 가마가 어떤 상황을 맞을지 모르기 때문입니다. 계속 장작을 던집니다. 6~7번 칸에는 달 항아리를 15개 정도 넣어 놓았습니다. 이 중 마음에 드는 것이 5점이면 대성공, 2~3점이 나오면 그럭저럭 성공적인 불때기입니다.

달 항아리 태토는 점토입니다. 일반적으로 백자의 태토보다 화도가 떨어집니다. 그렇지만 유약은 아주 두껍습니다. 유약이 두껍기에 고화도가 필요합니다. 태토는 화도가 낮고 유약은 높은 화도를 필요로 하는 불때기라, 이것을 조절하기가 무척 힘듭니다.

언젠가 하도 달 항아리에 불 때는 것이 힘들어 불심(화도에 견디는 힘)이 높은 백자 태토로 바꾸어 달 항아리를 빚어 불 땐 적이 있었습니다. 100% 완성이었습니다. 그러나 아버님과 나는 동시에 이것들을 깨어 버렸습니다. 우리 부자가 만들고자 하는 달 항아리가 아니었기 때문입니다.

그리고 또 다시 힘들고 어려운 달 항아리를 고집하면서 불하고 사투를 벌이고 있습니다. 이미 장작 투입구의 불 색깔은 맑아졌고 뒤쪽 불보기 구멍의 불 색깔도 맑아지기 시작합니다. 차 한 잔을 마십니다. 3년 전 여름에 불을 때다 냉수를 잘못 마셔 얼굴이 풍선처럼 퉁퉁 부은 적이 있었습니다.

그저 불 땔 때 더위 이기기에는 우리나라의 잎차녹차가 최고입니다. 한잔 들이키면 갈증을 완전히 가십니다. 사실 잎차의 맛을 알려면 더운 여름날 뜨거운 차를 마셔 보십시오. 그러면 차가 얼마나 좋은지 알 수 있습니다. 그럭저럭 7번 칸도 완성되었습니다. 마지막 불보기를 꺼내봅니다. 이제는 8, 9번 칸으로 올라갑니다.

대만 고궁박물관 안내문에는 "서양 오랑캐, 동양 오랑캐들이 우리의 도자기를 보고 배웠노라"는 글귀가 있습니다. 이 말은 도자기의 종주국이라는 자만심에서 나온 표현입니다. 세계예술품 경매시장에 우리나라의 옛 도자기가 중국, 일본 것보다 훨씬 고가로 낙찰되자, 어느 중국 도자학자는 "한국 옛 도자기의 원천기술은 모두 우리 중국의 도자기술이었다"고 말했습니다.

과연 그럴까요? 물론 도자기 기술이 중국에서 들어왔다는 것은 인정합니다. 그러나 중국인들이 도자기 기술 중 가장 자랑거리의 하나인 '유리홍 도자기'가 중국보다 먼저 한국에서 시작되었다는 것을 그들은 알고나 있을까요.

부끄럽게도 우리나라 도자 전문가들도 대부분 모르고 있습니다. '유리홍'이란 유약에 산화동(구리 녹슨 것)을 넣어 환원불을 때서 빨갛게 보이는 도자기를 말합니다. 이 산화동은 산화불을 받으면 푸르게 변합니다. 중국은 '당삼채'라 하여 당나라 때부터 동, 납, 철, 코발트 등 금속을 유약으로 응용해 왔습니다. 이것이 발전하여 만들어진 도자기가 바로 유리홍입니다. 동이 포함된 유약이 빨갛게 발색되려면 불때기의 기술 중 반드시 환원불 기술이 있어야 합니다.

중국에서 이 유리홍이 완성된 시기는 송 시대입니다. 붉은색은 중국인이 좋아하는 색이라 아주 귀하게 대접받았습니다. 이 유리홍을 일본은 '진사'라 불렀고, 우리나라도 일본을 따라 진사라 불렀습니다. 그런데 그것이 바로 우리나라가 세계에서 처음 만들었다는 사실이 한국의 한 미술연구소에서 객관적으로 밝혀졌습니다.

12세기 때 가장 첨단기술로 도자기를 만들었던 나라는 한국, 중국밖에 없었고, 일본은 16세기, 유럽이 18세기부터입니다. 이 유리홍을 만든 기술이 중국보다 50년 빨리 만든 나라가 고려인지라 12세기는

유리홍도자기
청나라. 대북국립역사박물관

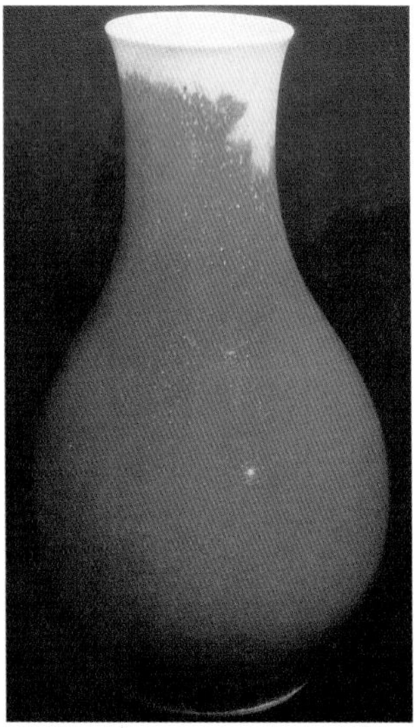

유리홍도자기
청나라. 대북고궁박물관

우리가 최첨단 기술국이었던 셈입니다. 다시 말해 산화동이라는 구리를 유약에 먼저 쓴 것은 중국이지만 이것을 1,250도 정도의 고화도의 환원불로 빨갛게 색을 내는(12세기에서는 세계 최고의 첨단기술) 것은 우리 한국이었습니다.

빨간 때깔을 가진 도자기, 이 도자기는 가장 화려하게 보였습니다. 그러나 예술적 깊이를 아는 고려인들은 꼭 필요할 때만 붉은 색을 나타내는 절제된 미학으로 이 기술을 처리했습니다.

한국의 박물관에는 몇 년 전까지는 이런 유약을 '진사' 라 표기했으나 우리 민족이 세계에서 최초였기에 지금은 한국말인 '동유', 또 이것을 안료를 사용해 그림을 그린 것은 '동채' 라 합니다. 고미술품에 이런 빨간 유약인 동유나, 빨갛게 표현되는 안료인 동채로 그린 것은 아주 비쌉니다.

질그릇과 달리 도자기는 연기 먹으면 실패

지금부터는 불때기의 마지막에 해당되는 8,9번 칸의 이야기를 할 참입니다. 각 칸 안에는 도자기가 가득 들어 있습니다. 불때기는 이들 도자기를 불로써 익히는 것입니다. 12세기 전반 우리나라만 가졌던 첨단 도자기 기술인 동유칸이며, 이 칸이 바로 환원불 칸입니다.

환원불! 어느 정도 온도가 오르면 장작 투입구 외에 공기가 가마 속으로 들어가지 못하게 막고, 온도가 떨어지지 않게 하여 불완전 연소가 발생되도록 가마를 때야 합니다. 우리나라 옛 청자, 백자 그리고 대부분의 분청이 환원불에 해당됩니다. 엄밀히 말하면 '환원성 중성불' 입니다.

자! 그러면 장작을 던집니다. 이 8번 칸은 동유칸이라고 했죠? 동유는 산화동(구리 녹슨 것)이 유약에 포함된 것입니다. 이 산화동은 요변 범위가 아주 넓습니다. 이 말은 온도에 따라 나타내는 발색이 다양하며, 또 산화, 환원에 따라 발색이 여러 가지란 뜻입니다.

우리 가마에서 동유는 강한 환원불을 땝니다. 장작 투입구를 열자마자 계속해서 장작을 던집니다. 불살이 조금 작아질 때면 또 장작을 던집니다. 그러기를 여러 번, 가마에 재가 조금 찬 것 같습니다. 어쩔 수 없이 잠시 삭힘 불을 땝니다.

그리고는 장작을 계속해서 던집니다. 이때의 장작은 가는 것을 골라 땝니다. 가는 장작을 계속해서 공급해야 장작이 빨리 타고, 계속 불살을 유지할 수 있기 때문입니다. 환원불은 계속 장작을 던지면서 불을 때는 일이지만 이 환원불에는 덫이 많이 있습니다. 7년 전쯤이라 기억됩니다.

환원칸인 8,9번 칸에 동유항아리를 채워 놓고 무사히 불때기를 끝냈습니다. 그리고 가마를 충분히 식혀 작품을 꺼내었습니다. 그런데 작품을 꺼내자, 빨갛고 파란 때깔이 조화롭게 뒤섞여 화려하게 뽐내야할 동유 항아리들이 모두 시커먼 색깔을 하고 있었습니다.

연을 먹은 것입니다. 우리가 음식을 급하게 먹으면 체하죠? 바로 그것과 비슷한 경우입니다. 연이란 연기가 기물의 유약에 파고들어 시커멓게 된 것입니다. 물론 그 작품들은 박살이 났습니다. 그 후에 지는 원인을 찾아 해결했지만 그러기에 항상 사기장들은 그때그때 닥쳐올 상황을 예측하고 미리 행동에 옮겨야 합니다.

"어! 질그릇은 연이 먹어야 되지 않느냐고요?" 맞습니다. 우리 조상들이 저장용기로 쓰는 옹기나 질그릇은 일부러 불태우는 도중에 청솔가지로 강한 연기를 발생시켜 기물에 들어가게 했습니다. 그러면 이 연기는 물구멍을 막아주면서 공기는 통하게 하고, 또 나쁜 균을 막는 항균작용을 하게 됩니다. 하지만 우리집 가마는 질그릇 가마가 아니라 질그릇보다 훨씬 화도가 높은 도자기 가마라 연이 기물에 들어가면 실패입니다. 환원불을 땔 때 가장 조심해야 할 부분이 바로 이 연입니다.

다시 8번 칸으로 갑니다. 그럭저럭 환원불이 다 된 것 갔습니다. 어떻게 아느냐고요? 불보기를 꺼내 보면 유약의 발색을 알 수 있습니다. 이때부터는 다시 평불로 들어가 가마 속 기물을 익히기 시작합니다. 평불을 때기 시작하자 동유 항아리는 잘도 익어갑니다. 그러나 잘도 익어간다고 일단 달 항아리처럼 계속 불을 땔 수는 없습니다.

왜냐고요? 바로 동유에 포함된 '산화동'은 어느 정도의 온도 이상

불땐 뒤 잘 익혀져 완성된 도자기들

유약이 떨어져 나간 것도 있다.

이면 그 자체가 다른 금속보다 빨리 기화되어 하늘로 날라 가 버리기 때문입니다. 그러면 동유항아리 특유의 때깔이 나지 않습니다. 그래서 동유칸은 장작을 접는 타이밍이 중요합니다.

용龍의 형상, 굴뚝엔 지옥불이요 가마엔 옥동자

8번 칸이 다 되어 갑니다. 뜸들일 시간입니다. 8번 칸 뜸 들이는 것은 일반 평불과 다릅니다. 왜냐하면 마지막 9번 칸도 환원칸이고, 장작 가마는 불 때는 분위기가 바로 뒤 칸으로 전달되기에 뜸 들이는 것도 환원성 뜸들이기를 합니다. 이 말은 마지막 한 번 더 환원불을 잠시 때고 올라간다는 뜻입니다.

이제 마지막 9번 칸입니다. 마지막 칸이라 굴뚝이 바로 뒤에 높이 서있습니다. 굴뚝이 가까우니 불이 잘 빨려 들어갑니다. 높은 굴뚝이 바로 뒤에 있기 때문에 9번 칸의 높은 열이 중간에 몰려 굴뚝 쪽으로 빨리 옮겨 간다는 뜻입니다. 불이 빨리 굴뚝 쪽으로 이동하기에 가마 안의 벽 쪽에는 설익고, 열이 잘 통과되는 중간 쪽은 빨리 익습니다. 이때는 굴뚝을 조정해 열을 9번 칸에 모아두는 일이 중요합니다.

장작 가마에서는 굴뚝이 중요한 역할을 합니다. 추운 겨울에는 굴뚝 자체를 따뜻하도록 관리해야 하며 굴뚝을 막을 때와 터놓을 때 그 타이밍을 놓쳐서는 안 됩니다. 급히 장작을 던집니다. 마지막 칸이라 빨리 끝내려고 장작을 막 던지는 거냐고요? 아닙니다. 앞에서 말했듯이 이 칸도 환원칸이기 때문입니다.

제가 동유칸에서 불을 땔 때는 불때기 작업의 마지막 순간이라 밤을 교대하며 역할을 나누었던 제자들도 다들 함께 모여 나의 불때기를 도와줍니다. 장작을 잡고 불과 처절하게 사투를 벌일 때는 고독합니다만, 불때기가 끝나고 나서는 모든 것을 가마 신에게 맡겨놓았기에 사정없이 마셔도 됩니다. 그리고는 부족한 수면을 채웁니다. 자고 또 잡니다.

다시 9번 칸으로 가봅시다. 벌써 1시간 정도 지났습니다. 이제는 평불로 들어갈 타이밍입니다. 그런데 '펑' 하는 소리와 함께 굴뚝에 불살이 용솟음을 치면서 하늘로 올라갑니다. 불의 향연이 시작됩니다.

용, 영어로는 드래건Dragon이라고 하죠. 이 용이 뱀을 형상화시켰다고 알고 있죠? 저는 도자기 굽는 가마를 형상화시킨 것이라고 믿고 있습니다. 굴뚝에서 불살이 나오죠! 이것은 용의 입에서 나오는 지옥불입니다. 가마 속에는 옥동자인 도자기가 들어있고요. 용 그림을 보십시오. 입에 큰 옥을 물고 있습니다. 그리고 마치 용의 긴 몸체처럼 가마는 봉통부터 각 칸마다 올록볼록하게 길게 만들어져 있습니다.

이럭저럭 가마 불때기가 끝났습니다. 이제는 가마를 식히는 일만 남았습니다. 그러나 가마를 식히는 일도 그리 간단치는 않습니다. '흙유'라 해서 까만색으로 발색되는 유약을 넣은 칸은 칸 문을 열어 빨리 식게 하고, 넓은 접시가 들어있는 칸은 될 수 있으면 서서히 식게 해야 합니다. 도자기의 가마가 식은 뒤에는 작품을 꺼내고, 재를 수거해야 합니다. 그래서 봉통 칸의 재는 수비 정제하여 다시 유약으로 만듭니다.

칸 불의 재는 어떻게 하느냐고요? 미안하지만 칸 불은 고화도였기에 재는 기화되어 하늘로 날아가버리고 아무것도 남은 게 없습니다. 아직도 마지막으로 남은 일이 한 가지 더 있습니다. 작품을 선별해

내는 일입니다, 잘못된 작품을 제 손으로 야박하게 깨버려야 하는 것도 이 때의 아픔입니다.

이 작업이 모두 끝나야 가마의 불때기 작업이 모두 끝나게 됩니다.

그야말로 긴 시간이었습니다.

세상일을 모두 잊고 이제부터 푹 잠이나 자야겠습니다.

사기장 申正熙 陶歷

1930 8월 29일, 경상남도 사천군 용현면 금문리慶尙南道 泗川郡 龍見面 芩文里 295번에서 출생.
부친 신학명申學明과 모친 서엄전 씨의 2남3녀 중 넷째

1952 군 입대(육군 9사단 백마부대 복무). 59년 전역

1958 부인 이대순李大順과 결혼

1959 부산에서 골동품 행상 및 수집상, 전국 고요古窯터 200여 곳 탐사, 깨진 그릇조각 수집. 이들을 통해 태토胎土와 유약釉藥 분석

1964 부산서 골동품상 개업, 진주 지방의 제기였던 황도, 일본말로 이도다완(井戶茶碗)을 재현키로 하고 문경, 단양 등에서 그릇 굽기 시작

1965 단양 방곡 빗재마을에 불가마 조성

1968 신장결석 제거위한 대수술

1969 자연유약에 의한 황도사발 재현 성공

1970 문경 '조령요' 경영하던 서선길, 천한봉 씨와 만남

1972 부산 중앙동 부산데파트 1층에 '신정희 도요전시판매장' 개설
일본인 보도사진작가인 쿠와바라 시세이(桑原史成) 씨, 황도사발 재현 기사를 일본 『세계화보』에 게재

1973 부산문화재전에 황도사발을 출품, 특선

1974 문경 새재 꼭두바위에 가마 설치, 황도사발과 분청자기 등 생산

1975 경남 양산군 하북면 지산리慶南 梁山郡 下北面 芝山里 574번지 통도사通度寺 인근 가마터 이전. 76년 완성

1976 도쿄 긴자 마쯔자카야(東京銀座松坂屋) 미술화랑 개인초대전
도쿄 미쓰코시(東京三越) 백화점 미술화랑 초대전

1977 일본 큐슈(九州) 9곳에서 요미우리(讀賣)신문 주최 초대전

1978 요미우리신문 주최 '일본명사명류작품전' 日本名士名流作品展에 특별초대
한국의 인간문화재격인 『일본명사명류록』日本名士名流錄에 등재登載. 한국인으로는 최초

1979 일본 '주부의 친구'(主婦の友) 주최 '한국전승문화전' 韓國傳承文化展 초대, 한국방송공사 주최 '신정희 전통 도예전'. 롯데호텔 특별전시장, 경상남도 문화상 수상, 도쿄 도큐(東京東急) 백화점 미술화랑 초대전

1980 KBS부산방송총국 주최 초대. 부산로타리 화랑

1982 부산경로병원 이전 건립을 위한 자선 도예전, 로타리 전시관

1983 일본 마이니치(每日)신문 주최 초대전

1987 일본 도큐백화점 미술화랑 초대전, 동아일보 미국지사인 미

주동아 주최, 미국 뉴욕 초대전

1988　동아일보 미국지사인 미주동아 주최, 미국 순회 초대전(뉴욕,보스턴, LA)

1990　일본 도큐백화점 시부야(澁谷) 본점 미술화랑 전시회

1991　KBS와 일본 NHK 공동주최 일본 남부 3곳 한국특별도예전. 후쿠오카 이와다야(福岡岩田屋), 오사카 한큐(大阪阪急) 백화점, 히로시마 미쓰코시(廣島三越) 백화점

1992　일본지역 민방民放과 지역신문사 주최 한국도예특별전, 쿄토(京都), 나가사키(長崎), 야마구치(山口),시모노세키(下關), 구마모토(熊本)

1993　마이니치신문사 주최, 한국도예전(오사카 한큐백화점 미술화랑)

일본지역 민방民放과 지역신문사 주최 '신정희 · 한균 부자도예전' 申正熙 · 翰均 父子 韓國陶藝展, 미토(水戶), 도쿠야마(德山), 히로시마(廣島), 기타큐슈(北九州)

1994　교토(京都) · 히로시마(廣島) · 추부(中部) 3개 방송국 공동주최 한국도예전. 나고야 메이테츠(名古屋 名鐵) 미술화랑

1995　일본MBS방송국 초대전, 하와이동서문화센터 초대전

KBS 개국 60주년기념 부산총국 주최 '신정희 도예전', 부산KBS홀

1996　동경 긴자 마쯔야(東京銀座松屋) 미술화랑 초대전

1997　일본 히로시마(廣島) 미쓰코시 백화점 미술화랑 초대전

KBS창원방송총국 주최로 개국 55주년기념 초대전

1998 일본 후쿠오카(福岡) 이와다야 미술화랑 초대전

2002 일본 나고야(名古屋) 메이테츠 미술화랑 초대전

작도作陶 50년 기념 도예전, 서울 법련사 불일미술관

MBC '성공시대' 방영

2003 일본 후쿠오카(福岡) 이와다야 미술화랑 초대전

2004 명원문화상茗圓文化賞 공로상 수상

2005 부산PSB(현KNN) 초대전

2006 일본 나고야(名古屋) 메이테츠 미술화랑 초대전

후기後記

그는 그릇장이입니다. 사기장입니다.

그는 그것으로 만족할 줄 알았고, 그것을 자신의 종교宗教로 삼았습니다.

가난을 알고,
옛 그릇을 볼 줄 알고,
흙과 불과 유약을 몸으로 이해한 그였습니다.

옛 사발의 멋과 맛을 알았기에 그는 재현의 꿈을 키웠습니다.

도자기의 오늘을 미리 알았기에 그는 세월을 한걸음 앞서갔습니다.

그래서 그는 골동骨董을 보는 눈을 키웠고, 도자기 시장의 흐름을 제때 읽어냈습니다.

하지만, 한 길 한 걸음마다 숱한 구비였습니다.
때로는 굽이쳤고, 때로는 성난 폭포수마냥 울부짖었습니다.
여울목을 넘고, 개울을 건너 끝내는 바다에 다다랐습니다.

그는 천년의 설움을 장작불로 대신했습니다.
그가 던진 장작 하나는 우리 민족의 혼魂이고, 힘이었습니다.
외로울수록 강하게, 기쁠수록 더 깊게 던져 넣었습니다.

불은 그에게 많은 것을 요구했습니다.
어느 날은 변덕스러움으로,
또 어느 날은 쓰다듬어주기를 원했습니다.

한 순간에 타오른 그리움,
그 그리움을 향해 그는 다시 장작 한 고물을 더 던집니다.
옛 사발이, 옛 정취가 마음속에 타오릅니다.
그리움을 딛고 사기장의 마음이 활활 타오릅니다.

어느 날, 부처가 말했습니다.
"그대들은 스승을 잘 감별하여야 한다."
제자들이 물었습니다.
"저희는 경지가 낮고, 스승은 한없이 높습니다. 그러한데 어떻게 저희가 스승을 감별할 수 있겠나이까?"

부처는 다시 대답했습니다.

"너희는 그 스승의 신구의身口意를 관찰하라."

신身은 몸으로 하는 행동을,

구口는 입으로 하는 말을,

의意는 마음속으로 짓는 생각을 말합니다.

사기장 신정희申正熙 선생,

그는 그야말로 도예계의 참다운 스승입니다.

역사와 세월을 읽을 줄 아는,

시대를 앞서나간 스승이었습니다.

2007년 늦봄

李雄煥

이웅환李雄煥

1970년대 초반 고등학교 때 특활반 활동으로 시작한 기자생활이 대학신문과 신문사의 기자로 이어져 40년 가까운 세월을 붓쟁이로 지내오고 있다. 매일경제신문사 동경특파원과 청와대 출입기자 등을 지냈으며 노조위원장을 맡기도 했다. 매일경제TV와 한국경제TV에서 방송활동을 하기도 했으며 곧 신문으로 돌아와 국제신문 경영진으로 참여했다. 경제 분야의 강연과 함께 관련 서적 출판에도 많은 시간을 내고 있다.

사기장 申正熙

초판 1쇄 인쇄 | 2007년 06월 28일
초판 1쇄 발행 | 2007년 06월 28일

발행인 | 조현석
지은이 | 신정희 · 이웅환

디자인 | zooDcom

발행처 | 북인
등 록 | 2004년 5월 6일 (제313-2004-000111호)
주 소 | (121-842) 서울시 마포구 서교동 467-4 301호

전 화 | 02) 323-7767
팩 스 | 02) 323-7845
홈페이지 : http://bookin.co.kr
이메일 : chlsuk123@hanmail.net

저자와 협의하에 인지는 생략합니다.

ISBN 978-89-91240-27-8 03910